Die Schwarze Lis

Gekürzter Lebenslauf der Räuberin
und Juden Hur Elisabetha Gassnerin

Bibliografische Information der Deutschen Nationalbibliothek:
Die Deutsche Nationalbibliothek verzeichnet diese Publikation
in der Deutschen Nationalbibliografie;
detaillierte bibliografische Daten sind
im Internet über http://dnb.dnb.de abrufbar.

Herstellung und Verlag: BoD – Books on Demand, Norderstedt

ISBN: 9783739228860

„Zu di Chuzpenikess gehert ojch der Gan Ejden. "
Jiddisches Sprichwort[1], jesuanisch übersetzt:
„Selig die Chuzpe haben, denn ihrer ist das Himmelreich. "

„Juifs de cour et bandits juifs ont en effet ceci de commun que,
chacun à leur façon, ils cherchent à surmonter leur con-
dition de parias, et bravent la société qui les opprime. "
Leon Poliakov[2]; auf deutsch:
„Hofjuden und jüdische Banditen haben tatsächlich das eine gemein-
sam, dass sie, jeder auf seine Art, ihrer Paria-Kaste nach oben zu entkommen suchen und der Gesellschaft trotzen, die sie unterdrückt. "

Und alle, denen mein historisches Schlussfolgern aufgrund an
schwarzen Haaren herbeigezogener Indizien zuviel der Chuzpe ist,
möchte ich (frei erzählt nach Salcia Landmann) daran erinnern, wie
vor Zeiten einer sein Gegenüber im Zugabteil der polnischen
Staatsbahn erforschte:
Liest ein französisches Buch, trägt roten Bart und Kippah, reist in
unser kleines Shtetl, zwei Stunden vor den Sabbatkerzen – also nichts
Geschäftliches, sondern Familienbesuch. Moment mal: Ist nicht dem
rothaarigen Moische Pisser sein Sohn Moses, der Schwager von der
Esther Schlesinger, vor dreißig Jahren nach Berlin gegangen, hat
sich dort Moritz Wasserstrahl genannt, geheiratet und ist dann mit
Frau und Sohn nach Paris gegangen? Genau!
„Willkommen in Trimbowlar! Ihre Tante Esther ist übrigens meine
Nachbarin, Herr Maurice Lafontaine!" – „Woher wissen Sie ...? " –
„Was heißt wissen, ich hab Sie berechnet. "

---

1 Nach Salcia Landmann, p.228; Gan Ejden = Garten Eden, Paradies;
Chuzpe ist eine kluge, kühne Frechheit, die hilfreich ist, um „in einer eigentlich verlorenen Situation mit Dreistigkeit noch etwas für sich herauszu-
schlagen" (Wikipedia).
2 Léon Poliakov, Histoire, I, p.253 (nach Barbara Gerber, p.48).

In memoriam:

Ein andrer gekürzter Lebenslauf

Leo Ebner hieß wie der Großvater der Schwarzen Lis, wurde 1906
im rumänischen Czernowitz geboren, lebte dort als Büroangestellter
zusammen mit seiner Frau Rosa (geb.1910)
und ihrer gemeinsamen Tochter Nia (geb.1938).
Alle drei starben in der Shoah.
Diese Information und das Foto wurden in Yadvashem eingereicht
von seinem Bruder Avraham Ebner.

Konrad Yona Riggenmann

Die Schwarze Lis

Gekürzter Lebenslauf der Räuberin und Juden Hur
Elisabetha Gassnerin

Teil A: Zu Ebner Erde

Teil B: Auf Bühnen-Brettern

Ihr Bild

Es war das Bild, was mich auf Anhieb entscheiden ließ: Die Frau muss auf die Bühne, das wird ein Stück von mir: das kleine Farbbild der Räuberin, ausgerechnet in einem Buch der Kreis- und Stadtparkasse Neu-Ulm mit dem Titel „Bilder und Geschichten aus dem Altlandkreis Neu-Ulm", mit Texten meines Lehrerkollegen Eduard Ohm herausgegeben zum 125-jährigen Jubiläum des Bankhauses.

Das Bild eines Gesichts mit ins Auge springender Verschiedenheit von links und rechts, akzentuiert vor allem in beiden Augenbrauen: die linke zur Nase hin abfallend, die rechte zur Mitte aufsteigend. Wenn man aus den asymmetrischen Gesichtshälften (L-R) eines Menschen fotografisch zwei symmetrische Hälften (L+L, R+R) zusammenfügt, entstehen oft zwei Gesichter mit ganz verschiedenem Ausdruck seelischer Befindlichkeit, eine abgründige und eine quasi heilige, fast wie bei *Dr.Jekyll and Mr.Hyde*. Kompakt und eindimensional sind dagegen die folgenden zwei Schwarz-Weiß-Skizzierungen der Erzdiebin: (A) „Sie ist ein Raubvogel in Menschengestalt. Bei Nacht bricht sie wie eine Eule in die Vorratskammern der Bauern und entwendet irgend etwas Eßbares. Bei Tage schießt sie gleich einem Sperber an einem Unvorsichtigen vorbei und entreißt ihm die Uhr oder Geldbörse. Sie sieht auch aus wie ein Raubvogel. Aus ihrem hageren, braunen Gesicht streckt sie eine gebogene, spitzige Nase in die Luft. Zwei schwarze, äußerst lebhafte Augen beobachten dauernd die Umgebung. Ihre Finger sind lang und dünn wie Krallen und zum flinken Zugreifen wie geschaffen. Ihre pechschwarzen Haare und und ihre dunkle Haut haben ihr den Namen die ‚Schwarze Lies' eingetragen ... Ihre Weltanschauung ist höchst einfach und brutal. So wie es Raubtiere und Raubvögel gibt, so gibt es auch eine Schwarze Lies. Sie ist eben wie sie ist. Woher das Raubzeug die Berechtigung hat zum Rauben, daher nimmt auch die Lies das Recht."[3]

(B) „Das Weib war seither wie gefeit gewesen, wild und frei geblieben, als hätte sie der Teufel selbst zur Liebsten erkoren. Doch schließlich legte dieses Weib ein unumwundenes Geständnis ab, gleich als ob es ihr letzter diabolischer Streich wäre, sich in ihrem ganzen schwarzen Glanze zu zeigen ..."[4]

---

3 Franz Schrode: Der Malefizschenk und die schöne Viktor, Ulm 1956, zitiert nach Eva Wiebel, Die Schleiferbärbel und die Schwarze Lies, in Blauert/Schwerhoff, p.797.
4 Max Zengerle, in Pflug, p.258.

Diese beiden Beschreibungen des Weibsbilds, gedruckt in Ulm 1956 bzw. Weißenhorn 1966, malten ins Zentrum der Zielscheibe noch immer das Dunkelböse, wie man es arisch-deutsch doch kannte: „Der schwarzhaarige Judenjunge lauert stundenlang, satanische Freude in seinem Gesicht, auf das ahnungslose Mädchen, das er mit seinem Blute schändet und damit seinem, des Mädchens Volke raubt." Dies schrieb einer, der selber in der Angst lebte, von Juden abzustammen.[5]

---

5 Hitler, p.357 f.

Solche Schwärze eignete ziemlich vielen *public enemies* der Gassner-schen Epoche: etwa dem „Schwarzen Toni" Antoni Heim (hingerich-tet in Oberdischingen 1787); dem „Schwarzen Veri" alias Franz Xaver Hohenleiter (1788-1819) oder dem „Schwarzen Peter" Johann Peter Petri (1752-1812), einem Köhler und Räuber, nach dem vielleicht die ungeliebte Spielkarte benannt ist. Schon ihre Eltern, sagte die Lis, sei-en „Schwarze Lies" und „Schwarzer Hannes" genannt worden.[6]

6 Foshag, p.42.

Unter den deutschen Räubern und Sacklangerinnen ihrer Zeit gab es anscheinend keine Blonden, was sich schon anhand des deutschen Kinderspiels „Wer hat Angst vor'm schwarzen Mann?" psychologisch ausgiebig deuten ließe. Die ethnologische Literatur zum Ende des 19.Jahrhunderts ging in schönem Konsens von einem Bild der Juden aus, demgemäß diese „schwarz" oder zumindest „schwärzlich" waren.[7] Im Jahr 1922 definierte der dann zur Nazizeit als „Rassepapst" gefeierte Professor Hans F.K. Günther (1891-1968) die Juden, nach heutigen Erkenntnissen gar nicht zu unrecht, als „eine orientalisch-vorderasiatisch-nordisch-hamitisch-negerische Rassenmischung" und im Jahr 2017 erklärte der Rassist David Duke, *Imperial Wizard* des Ku-Klux-Klan, zu meiner jüdischen Beruhigung: „Jews are not white".

Der graubärtige, in jüngeren Jahren wohl schwarzhaarige Räuber, dessen Bild (auf Seite 8) in braunen Zeiten, als auch Jesus und Maria blond sein mussten, unter dem Titel „Typischer jüdischer Krimineller" durchaus antisemitischen Zwecken hätte dienen können, gehört zur Schwarzen Lis: per Ehering, per Lebenslauf, und zuletzt in diesem postumen Dialog des Ehepaares, gemalt von den geübten Händen eines offensichtlich tiefblickenden und nicht zuletzt vorausplanenden Künstlers. Denn er malte den Ehemann zu einem Zeitpunkt, als für seinen Auftraggeber, den Grafen Schenk, der Tod auch der Ehefrau schon vor dem Urteil wohl lang beschlossene Sache war.

Aufgrund seiner Pinselführung kommt die Potsdamer Historikerin Silke Kai Foshag in ihrer voluminösen *summa cum laude* Dissertation „Es seye eine Forcht, was sie gestohlen" zu interessanten Aussagen über das lebenslang so bewegte und nun in Öl gebannte Ehepaar. Statt hier etwas vorwegzunehmen, möchte ich der Leserin empfehlen, erst vor dem Beginn des Spieltextes zu diesen beiden Bildern zurückzukehren und dann vielleicht bewundernd aufzuspüren, wie sensibel der Maler seinen Pinsel handhabe. Nur zwei Punkte erscheinen vorab anzusprechen:

Während der Künstler beim Porträt des Mannes wohl wenig Diskrepanz verspürte zwischen seinem Auftrag „Verbrecher malen" und dem Menschen, der da vor ihm saß, malt er das Bild der mittlerweile Witwe Gassner als eine „Landkarte der Seele", wie geblendet von den Nuancen eines Frauenlebens, das er in den Nuancen ihrer Augen einfängt und der Nachwelt überliefert, damit Theater daraus werde.

Zweitens beachte man die Körperdrehung der Lis Gassnerin – unter-

---

7 Kaye/Kantrowitz, p.15 (alle Zitate dieses Abschnitts); bezüglich dem genannten ethnologischen Konsens zitiert sie hier Sander Gilman:The Jew's Body, p.172.

10

halb des Halses weggehend, dem Mann entfliehend, oberhalb jedoch zu ihm hingezogen, in die Vergangenheit zurückblickend. Wie kam die anscheinend spannungsreiche Verbindung des Paares zustande? Wie kam die Lis, die als Geburtsort den kleinen Weiler Hirschbach bei Wertingen angab und mit ihrer Mutter vagierend im Raum Dillingen – Wertingen – Binswangen lebte, nach Biberberg? Durch ihn.

Ihr erster Mann: Johannes Gassner

„Die Welt ist eine wunderliche Einrichtung; und die göttlichsten Wirkungen, mein lieber Sohn, gehen aus den niedrigsten und unscheinbarsten Ursachen hervor. Der Mensch, um dir ein Beispiel zu geben, das in die Augen springt, gewiss, er ist ein erhabenes Geschöpf; und gleichwohl, in dem Augenblick, da man ihn macht, ist es nicht nötig, dass man dies, mit vieler Heiligkeit, bedenke. Ja, derjenige, der das Abendmahl darauf nähme, und mit dem bloßen Vorsatz ans Werk ginge, seinen Begriff davon in der Sinnenwelt zu konstruieren, würde ohnfehlbar ein ärmliches und gebrechliches Wesen hervorbringen; dagegen derjenige, der, in einer heitern Sommernacht, ein Mädchen, ohne weiteren Gedanken, küsst, zweifelsohne einen Jungen zur Welt bringt, der nachher, auf rüstige Weise, zwischen Erde und Himmel herumklettert, und den Philosophen zu schaffen gibt. Und hiermit Gott befohlen."

Diese belehrende Ansprache hält der väterliche Meister im „Brief eines Malers an seinen Sohn" geschrieben vom kinderlosen Heinrich von Kleist. Dieser Dichter der deutschen Romantik, der sich 1811 mit der Begründung „Mir war auf Erden nicht zu helfen" und einer Pistolenkugel Gott befahl, war Ende Januar 1777 „gemacht" worden, sein Zeitgenosse Johann Gassner anno 1740, ebenfalls im Januar. Beide, wie ersichtlich, in keiner „heitern Sommernacht". Dass die Elisabetha ihren Mann zuletzt beschuldigte, an all ihrem Unglück schuld zu sein, liegt aber wohl weniger am Zeugungstermin als an einer Lebensbasis, die Shakespeare im König Lear anspricht: Der „Bastard" Edmund, illegitimer Sohn des Grafen von Gloster, kann es nicht ertragen, bloß wegen seiner unehelichen Geburt zurückgesetzt zu werden, wo er doch ganz kleistisch sicher ist, „im heißen Diebstahl der Natur mehr Stoff" und „kräft'gern Feuergeist" empfangen zu haben.[8]

Von der Grafschaft Gloster nach Biberberg, Besitztum des Klosters

---

8 Shakespeare: König Lear, Szene II.

Kaisheim: Im Taufeintrag des kleinen Johannes vom 15.Oktober 1740 firmieren sein 27-jähriger Vater Fridericus Gassner aus dem Nachbarort Biberachzell und die 26-jährige Magdalena Langenwalder als „ambo ad huc soluti stati" – beide ledigen Standes. Während das Biberberger Kirchenbuch „ledige Kinder" regelmäßig als „proles illegitima" oder gar „filius hurius" (sic) bezeichnet, weist jedoch der Eintrag des „ledig" geborenen kleinen Johannes keinen solchen Makel auf. Denn die Familie Langenwalder war alteingesessen und zahlreich, mit 43 Täuflingen seit 1664. Nur: der junge Kindsvater kam für die Langenwalders als Ehepartner ihrer Magdalena keineswegs in Frage: Für die Einheirat in die Dorfschmiede war der Nur-Landwirt ungeeignet – im Gegensatz zum „juvenis honestus" und Schmied Johannes Amann, der die Magdalena dann am 23. Januar 1742 vor den Traualtar führen durfte. Ihr kleiner Bankert Johannes war an diesem Hochzeitstag genau 14 Monate und acht Tage alt. Im Ehevertrag war ausdrücklich festgelegt, dass der in die Ehe mitgebrachte Johannes allen zukünftigen Kindern des Paares gleichgestellt sei. Tatsächlich starben von den acht Kindern Magdalenas mit dem Vernunftpartner Johannes Amann, gezeugt in Kleistscher „vieler Heiligkeit", sieben schon im Kindesalter; einzig der Sohn Nepomuc war neben Johannes noch am Leben, als anno 1758 Magdalena selbst mit 43 Jahren starb. Elf Wochen später heiratete der Witwer die Magdalena Renzin aus Wullenstetten, und im neuen Ehevertrag bekam Nepomuc fast alles, sein elf Jahre älterer Stiefbruder Johannes Gassner fast nichts – außer 60 Gulden florin, dem Preis von immerhin drei Kühen.[9]

Der Lebensbeginn als Unfall, das Gefühl der Unerwünschtheit schon im Mutterleib, gefolgt von Stiefkinddasein und schließlicher Fast-Enterbung erklären das kriminelle Leben des Johannes Gassner schon mehr als bruchstückweise. „Wenn man mich geboren hat, wollte man mich doch hier haben, aber jetzt kümmert sich niemand um mich. Hat man vergessen, dass man mich geholt hat?" So beschreibt Alice Miller das Grundgefühl der Unerwünschten.[10] Lehrer schätzen das Sozial- und Lernverhalten dieser unerwünschten Kinder durchweg schlechter ein, Eltern neigen zu Misshandlungen „aus Wut und Hilflosigkeit" oder zur Überbetreuung, um Schuldgefühle zu kompensieren. Herangewachsen, haben die Ungewollten dann ständig Beziehungsprobleme, sind sozial unangepasst, doppelt so häufig kriminell und „oft ihr ganzes Leben lang nicht glücksfähig."[11]

---

9 Foshag, p.217: Preis einer Kuh (1750-1771) 12-22 fl.
10 Miller 1981, S.332.
11 Artikel „Ein Leben lang unglücklich", Augsburger Allgemeine ca. 1991;

Passt dies auf den Gassner? Der erste Einblick in eine zuletzt mehr als unglückliche, von männlicher Gewalt geprägte Ehe findet sich in den Verhörprotokollen nicht der Liesel, sondern ihrer Jugendfreundin und Weggefährtin Marian, die nach ihrer Verhaftung 1786 in Dischingen nicht nur Belastendes über die Elisabeth erzählte, sondern: „Dies müsse sie noch beysetzen. Da sie 6 Wochen mit der Gassners Lies geloffen, habe sie die Gassnerin öfters klagen hören, daß sie der Gassner so hart gehalten und geschlagen, daß sie von ihme gehen müssen, und dieses harte Verfahren nicht länger habe ausdauern können. Er alleinig seye die Ursach an ihrem und ihrer Kindern Unglück gewesen. Sie habe vieles gestohlen, welches Sie thun müssen, wenn sie anderst ein Frieden mit Ihme habe wollen. Er seye in Zwischen in denen Wirtshäusern gesessen, gefressen und gesoffen." Ein Jahr später sitzt die Gassnerin im selben Verhörraum und sagt am 24.Oktober 1787: „Es seye zu Biberberg eine bekannte Sach, daß niemand bey ihme wohnen könne, jndeme selber immerhin mit seinen Huren herumgezogen, hingegen sie jmmerhin geschlagen habe und alle Torturen angethann." Und „es seye an all ihrem Unglück niemand als ihr Mann der Gassner schuldig, welcher sie zum Stehlen gezwungen, und wenn sie solches nicht thun wollen, also fort mit ihr verfahren seye, daß sie es bei ihme nicht erleiden können." Daraufhin muss sie sich vom Oberamtmann Röm fragen lassen, „ob sie diese harte Verfahren niemand anvertrauet" habe, worauf die Gassnerin zur Antwort gibt, „sie habe es in denen Beicht Stühlen freylich geklaget". Das klingt nicht nach ernster Gegenwehr, und tatsächlich scheint die Liesel eher versucht zu haben, „die Erwartungen ihres Ehemannes zu erfüllen" und ihn wo immer möglich zu besänftigen. Einmal habe sie sogar, gibt die Gassnerin selbst zu Protokoll, „einem Handwerks Pursch" eine Sackuhr „welche gelb gewesen", für 12 Gulden abgekauft und weil sie nur fünf Gulden dabeihatte, die fehlenden sieben kurzerhand „von einer LandKrämerin namens Cezill entlehnet", und all die teure Liebesmüh' nur um den Gatten – mit Erfolg – zu besänftigen: „Der Gassner seye allschon zufrieden gewesen, wann er nur die Uhr gesehen habe."[12]
Bezüglich einer anderen Sackuhr, deren geglückte Erlangung die Gassnerin in Ravensburg gefeiert hatte, indem sie „den Berg herunter in ein BekenHaus gegangen, und eine halb Maas Wein getrunken", fragt der Amtmann, wie die Uhr dann verhökert wurde. „Solches seye ihr unbekannt; wisse auch nicht wie theur der Gaßner diese Sackuhr

---

Amendt, Gerhard und Schwarz, Michael: Das Leben unerwünschter Kinder. Bremen ca. 1987; Janus, Ludwig: Wie die Seele entsteht. Heidelberg 1997.
12 Zitate dieses Abschnitts: Foshag, p. 110 f., 112 und 114.

angebracht, wenn dieser eben eine Sach in seine Händ gebracht, so habe sie nicht mehr davon reden därffen." Und auf die Nachfrage, „was ihr von dieser Sackuhr zutheil geworden" sagt sie schon in diesem ersten Verhör am 16.Oktober 1787: „Nichts, dann Schläg, es seye ja bekannt, und därffe man nur nach O/hausen schreiben so werde man hören, wie sie von ihrem Mann geplaget worden seye; sie wolle alles gerne bekennen, wenn man ihr nur in Ansehung ihrer Kinder gnädig seyn werde."

Der Gassner, Vater ihrer Kinder, konnte freilich schon noch gröber. Kurz vor dem Hauskauf in Biberberg sei es gewesen, dass er er in Ulm „bey der sogenannten Kuchel Hütten gesaget, daß wirklich ein Mann dem WirthsHaus zum Adler zugehe, welcher ungemein viel Geld habe, sie solle sich richten, dass sie das Geld überkommen, wiedrigenfalls er sie noch heute in die Donau werffe."[13]

Aber gehen wir zurück in glücklichere Tage, in Dillingen an der Donau, wo Johannes Gassners Kaserne stand und man sich wohl zum Bund des Lebens fand. Jedenfalls hatte sie „von dem Gaßner dortmals in dem Leedigen Stand ein Kind" und der kleine Hansjörg bekam vom jung verliebten Paar dann, noch immer ohne Trauschein, sein Schwesterle Kreszenzia. Vermutlich erst mit dem Entlassungssold konnte man sich, wohl zusammen mit der Oma Elisabetha Ebnerin, zu Biberberg ansiedeln und nun auch die obrigkeitliche Heiratslizenz bekommen. Der nächste Schritt in geordnete Verhältnisse war die Hochzeit am Donnerstag, dem 7.6.1770 in Biberbergs Pfarrkirche St.Andreas. Da führte der Bräutigam, „als gewesner Soldat sehr aufrecht" gehend,[14] seine glückliche Braut in die Kirche, strahlend beide wie die warme Junisonne. Und falls es regnete, trösteten sich das Paar und seine Gäste wohl mit der schwäbischen Volksweisheit: „Des gibt a reiche Braut." In diesem Sinne sollte nun das Eigenheim der nächste Schritt in eine gesicherte Zukunft sein. Das Protokoll des Hauskaufs benennt am 31.10.1778: Haus, dabei liegender Garten, 9 ¼ Jauchert Acker [knapp 3 ha], 1 Kuh, 1 Kalb, Vorräte an Futter und Stroh, „was Nagl und Band hält" und drei Krautstrangen im gemeindlichen Krautacker. Gegenwert: 592 Gulden florin." Der Käufer ist Johannes Gassner, das Geld kam größtenteils von seiner Frau. Für ihn, den enterbten Stiefsohn, war der Kauf der kleinen Sölde wohl sehr wichtig: Denn nun hatte er in der dörflichen Hierarchie von Bauern, Söldnern und Tagelöhnern doch zumindest den Eingang in die Mittelklasse hingekriegt. Dass ihm

---

13 Foshag, p.394, zitiert aus dem Verhör am 16.Oktober 1787.
14 Hauptstaatsarchiv Stuttgart, Brief Oberhausen, 1781 III 30, zitiert von Foshag, p.123.

dies nur mit Liesels Geld gelungen und er von seiner ihm überlegenen Frau abhängig war, dürfte – auf der Basis eines sicher gespannten Verhältnisses zu seiner eigenen Mutter – ein Hauptgrund für das mit Gewalt dominieren wollende Verhalten gegenüber seiner Frau gewesen sein.

Jetzt aber würde alles besser werden: Nun hatten das Hansjörgle und sein Schwesterle Kreszentia zwar nicht das Paradies, doch zumindest einen eigenen Garten. Der kleine Antonius (*12.1.1772) starb zwar bald nach der Geburt, aber im August 1774 konnte Elisabetha die Wiege ihres Josephus (*23.7.1774) draußen im Garten schaukeln und im September 1777 mit der kleinen Maria Josepha (*11.9.1777) auf dem Arm unter den roten Äpfeln stehen. Dass der kleine Meinradus (*16.7.1779) so bald wegstarb, musste doch keine baldige Vertreibung aus dem Garten Eden fürchten lassen, in der Weise „Unrecht Gut gedeihet nicht"?

Die Trennung

„Und der Mensch und sein Weib verbargen sich" und Gott fragte sie: Wer hat euch kundgetan, dass ihr nackt seid?" Nein, nicht das Flammenschwert der Cherubim vertrieb das sündige Menschenpaar aus seinem kleinen Garten, sondern: Kundgetan hatten zwei Bauern aus Biberbergs Nachbarorten Roth und Finningen, die Gassnerin in Laupheim gesehen zu haben, wo sie im Oktober 1780 an der Zollstelle einem Bauern in die Tasche gelangt habe; im Februar 1781 wurden Gassner und Gassnerin im Amtsknechtshaus von Oberhausen inhaftiert, zwei Kilometer südlich ihres Biberberger Hauses, wo jetzt Elisabethas 76-jährige Mutter die Kinder versorgen musste.

Schon nach „11 oder 13 Tagen" entkam die nun 40-jährige Tochter aus dem Oberhauser Hochsicherheitsgefängnis. Sie habe nur „ein Prett unter der Bank hinweggethann, und sich davongemacht." – „Wie sie es angestellt habe?" – „Das Prettl seye nicht einmal angenagelt gewesen, und da sie solches hinweggethann so seye sie durch die Öffnung in des Amtsknechts Stuben geschlupfet, von dar zur Stuben Thür hinaus, und die Stiege hinauf zu ihrem Mann gegangen, welcher in einem Plockhaus gelegen seye." – „Was sie bey ihrem Mann zu thun gehabt?" – „Sie habe diesen nur gefraget was er thue und da dieser erwiedert, wie ihme die Zeit lang seye, so habe sie selben gefraget ob er nicht mit wolle. Ihr Mann der Gassner habe geantwortet, er verlange nicht fort, und woll seine Sache schon hinaus bringen, sie solle nur gehen, und nicht mehr zurückkommen, sondern sich in ein anderes Land entfernen." –

„Warum sie ihren Mann gefraget ob er nicht mit ihr fortgehen wolle?"
– „Weilen kein Schloß an ihres Manns Gefangenschaft ware, folgsam
sie die Thür wohl öffnen, und ihne herauslassen können, wenn er es
von ihr verlangt hätte; sie habe ihrem Mann noch gesagt, daß sie da
bleiben wolle, er mithin sich fortmachen solle, allein er habe sich nicht
darzu verstanden, sondern ihr nur außer Lands zu gehen, und nicht
mehr auf Bieberberg zu kommen zugesprochen, und noch beygesezet,
daß wenn sie seinem Rath nicht folgen, und wieder in die Herrschaft
kommen, und erwischet werden sollte, sie um all ihr Sach kommen
würden."[15]

Kurz gesagt: Er gab ihr den Laufpass. Dieses Verhalten gegenüber
seiner Frau ist angesichts des zerrütteten Verhältnisses viel weniger
erstaunlich als das sich selbst gegenüber: Ein Häftling weigert sich
zu fliehen, durch die leicht zu öffnende Tür einfach rauszugehen. Als
Erklärung dafür scheinen zwei persönliche Faktoren entscheidend: erstens, dass er sich in seiner Sölde und seinen Kindern in Biberberg
verankerte, und zweitens im Umstand, dass seine Frau es war, die ihm
die Tür hätte öffnen müssen, öffnen können. Was für eine neue Demü-
tigung, nach allem, was er bisher schon seinem Weib verdankte, das so
vieles besser konnte! Oder war eine andre Frau im Spiel?

Die Liesel begriff wohl nur zu gut, dass hiermit das Dillinger Betttuch
zerschnitten war, nach etwa 15 Jahren Zusammensein. Sie nahm, sym-
bolisch vielsagend, aus Biberberg „2 Better, 1 Pfulben und 2 Kissen"
mit und ging allein ins 8,5 Kilometer entfernte Ichenhausen, das vor
1939 die größte jüdische Landgemeinde Deutschlands beherbergte.
Dort wohnte sie zunächst bei einer Frau, „die den 2ten Mann habe,
gegen 8 Täge" und dann noch „ein paar Täg ... bey dem alldasigen
Beerenwirth", bei dem sie das Bettzeug für 5 fl versetzte, „damit sie
nicht darum kommen möchte".[16] Von Ichenhausen ging sie dann –

---

15 Foshag, p.387 f., zitiert aus dem Verhör vom 16.Oktober 1787.
16 Verhör vom 16.Oktober 1787: „Wie lang es seye, dass sie ihre Kinder gesehn habe?" – „Beylauffig 2 Jahr, wo sie ihre Kinder zu Katholisch
Holzen gesehen." – „Ob sie ihre Kinder von dieser Zeit an nicht mehr zu
Gesicht bekommen" – „Nein, zu Bieberberg habe sie ihre Kinder gesehen,
und sonsten nicht mehr ausgenommen zu Katholisch Holzen, unter der Zeit
wo ihr Hannes zu Oberhausen annoch in Arrest gelegen, und ihr Mutter
annoch gelebet habe, seye sie dermaleinstens, bey der Nacht zu derselben
auf Bieberberg gegangen, welches damals geschehen, wo der Gassner noch
nicht lange jnngelegen seye." Foshag (Fußnote 721, p.133) ist hier versucht,
aus der ersteren Antwort auf ein nochmaliges Wiedersehen in Holzheim zu
schließen. Da die Mutter der Lis am 26.Mai 1782 starb, schließe ich, dass
die zweite Aussage die erste präzisieren soll, deren Zeitangabe aber dann
um vier Jahre irrt. Ein Doppelpunkt nach „ausgenommen" würde den in
meiner Lesart einzig plausiblen Sinn des Satzes klarstellen.

der kürzeste Weg führte stracks durch Biberberg und Pfaffenhofen –
nach Katholisch Holzen, das heute Holzheim heißt und im Kontrast
zur lutherischen Nachbargemeinde Holzschwang noch immer sehr
katholisch ist (mit Pfarrgemeinderat unter Vorsitz des Kirchenmaler-
meisters Johannes Riggenmann, und Kirchenchor unter Leitung seiner Frau, meiner Schwägerin Klara). Von Holzen geht die Liesel in der
Nacht, wohl wieder über Pfaffenhofen, die zwei Wegstunden zurück
nach Biberberg, verbringt dort einen Tag, einen letzten Tag im Leben
bei ihren Kindern und ihrer betagten Mutter, und kehrt im Schutz der
nächsten Nacht nach Holzheim zurück.

All dies ist auf die Fastenwochen 1781 zu datieren, da sich die
Gassnerin „hinnach noch eine gute Zeit in dem Schwabenland"
aufhielt, bevor sie am Palmsonntag, dem 8.April, mit einer Vagantin
namens „Schleiffer Victor" zunächst nach Südosten aufbrach. Kurz
vor Ursberg bei Krumbach vertraut sie der Victoria an, „dass sie sich
in dieser Gegend in so lange nimmer aufhalten könne, bies ihr Mann
der Gassner wieder aus dem Arrest seye." Die direkteste Linie von
27 Kilometern zwischen Holzheim und Ursberg verläuft übrigens
genau zwischen den Nachbarorten Biberberg und jenem Oberhausen,
wo der Gassner im Arrest lag. Das erscheint umso weniger zufällig,
als sich die beiden Frauen erst jetzt wieder nach Südwesten wand-
ten und schon sechs Tage nach Palmsonntag, nämlich am Karsam-
stag (14.April) 1781 in Konstanz am Bodensee ankamen. Dort fanden
sie „beim weißen Kreuz nahe bey dem Thor, wo man auf das Damm
kommt" Unterkunft. Den Ostermontag verbringen sie in einem Dorf
bei Überlingen, „wo man die Oster Ayer gelesen, und sie zugesehen
habe"... und dabei wohl auch an ihre Kinder gedacht?
Über das Schweizerische Arbon, wo das weibliche Duo die Gelegenheit zum Diebstahl in einem Bauernhaus nutzte, ging es dann nach
Isny im Allgäu, weil das Schleiffer Torle dort mit einem Mann, den die
Gassnerin sowohl als Victorias Ehemann, als auch „des Torlis Kerl"
bezeichnet, auf dem Markt verabredet war. Dort gelingt den beiden
ein letzter Diebstahl, dann trennen sich ihre Wege. Die Victor hatte
wieder ihren Kerle – und die Gassnerin? Am nächsten Morgen zieht
sie allein zunächst nach Norden, um sich in Memmingen umzuhören
„ob ihr Hannes noch nicht aus dem Arrest entlassen worden". Das war
nicht der Fall, also zurück nach Süden, allein und verunsichert. „Froh
gewesen" sei sie, wann man sie habe mitlauffen lassen, jndeme sie ja

keinen Weg in die Schweiz gewißt."[17] Mit „2 alten Leuthen" namens Joseph und Marian sei sie „im Appenzellischen herumgeloffen", und zwar allgemein mit „recht praven und Haussessigen Leuthen". Aber auch gerne mit Gaunerprominenz. Nach einem kurzen Intermezzo mit einem „Erzdieb" namens Waschlers Michele und seiner Schwester geht sie angeblich allein nach Bischofszell, wird dort ertappt, gibt an, sie sei „Elisabeth Alberin, 26 Jahre [!], chatolischer Religion, ledigen Standts, habe kein Heimath, seie eines Soldaten Kind". Nach einer Nacht im Armenhaus wird sie „von dem Hatschier durch das Stadt-thor ... bis an die Gräntzen gefüret" – abgeschoben mangels Beweisen, denn von der Tat wisse sie „nicht das mindeste" und mit der Täterin, einer Elisabetha Rapoldin aus Nürnberg, habe sie „keinen Umgang gehabt".[18]

Die Wahrheit kam erst Jahre später ans Licht, durch einen Star im Gaunermilieu, der die Liesel zusammen mit der „Ehefrau des großen Domini" beim Diebstahl in Bischofszell beobachtet hatte. Dieser Star war der Johannes Herrenberger, vulgo Konstanzer Hanß, der durch seine „prämiierten Aussagen" (wie man heute in Brasiliens Korruptionsbekämpfung sagt) den eignen Kopf aus der Schlinge zu ziehen verstand. Seine Aussage zu Liesels Bischofszeller Mißgeschick hatte einen sehr persönlichen Hintergrund. Wenn man seinen Aussagen glauben darf, hatte Elisabetha ihm nämlich unverblümt Avancen gemacht und ihn mit ihrem Erfolg als Diebin (Vorführeffekt in Bischofszell, wie peinlich!) für sich zu interessieren versucht; in seinen Worten: „... ihne Herrenberger zu ihrem Anhänger haben wollen, und ihme Täglichen eine Doucaten versprochen". Das jugendfrische Alter von 26 Jahren, das Elisabetha beim Verhör in Bischofszell angab, würde zu den Hoffnungen passen, die sie laut Herrenberger auf ihn hegte. Der war allerdings liiert mit der 36-jährigen Barbara Reinhardtin – die mit der Beschreibung „schwarzes langes Angesicht, graue Augen, und schwarze Haare" der Gassnerin stark ähnelte – und habe auf eine Beziehung zu ihr „keinen großen Lust" gehabt.[19] Oder doch ein bisschen, der Filou? Als die Gassnerin, begleitet von besagtem Waschlers Michele, in einem Nachtquartier mit dieser furiosen Reinhardtin zusammentraf, „habe diese der Gassnerin das Gesicht so verrissen, dass sie kein Fezel Haut mehr darinn gehabt." Dieser sehr körperliche Gesichtsverlust war für die Liesel schmachvoll: „Ihre Lebens Täge, habe ihr das Gesicht niemand verrissen", sagte

---

17 Verhör Oberdischingen, 17.Oktober 1787, Foshag, p.134 und 400.
18 Akten Schloss Bischofszell 1787, Foshag, p.135.
19 HstA B 83 Bü35, VEG, Oberdischingen 1788 II 29, nach Foshag, p.137.

sie in Oberdischingen, um dann später doch zuzugeben, sie habe „mit der Schleiffer Bärbel im Schweizer Land auf dem Gehäg in der NachtHerberg Händel bekommen."[20]
Wohl mit noch lädiertem Gesicht zog es die Liesel wieder zurück in den Umkreis Biberbergs und ihrer Kinder, die sie „noch einmal zu sehen große Begierd gehabt".[21] Am 11.Juli 1781 steht sie Schmiere bei einem Einbruch in den Pfarrhof von Billenhausen, keine 15 Kilometer von Biberberg entfernt. Am 3.September ist der Wallfahrtsort Königin Bild bei Limbach nahe Günzburg das Ziel. Dort hatte im Jahr 1679, in der Kutsche von Günzburg nach Innsbruck, die 26-jährige noch kinderlose Gemahlin des Herzogs Karl von Lothringen „ihre so sehnlich gewunschene, und von Gott durch Mariä Fürbitt erhaltene Leibs-Frucht das Erstmahl empfande" und noch im selben Jahr eine Dankkapelle errichten lassen. In dieser spielten nun Liesels Kumpane, nach magerer Beute im Haus des Mesmers und Schulmeisters, mit den dort gestohlenen Geigen munter drauflos, bis sie vom Kapellan verjagt wurden, der „in der Meinung, der Schulmeister spiele auf der Geigen" herbeigeeilt war. Im anschließenden Nachtquartier bei einem Bauern in Ettlishofen kamen Liesel und Co. noch näher an das nur dreieinhalb Kilometer südlich gelegene Biberberg heran. Am nächsten Morgen verließ der Serenadenfiedler Hansjörg die Gruppe und mit den anderen machte sich die Liesel, wieder knapp vorbei an Biberberg, auf in Richtung Bodensee, stahl in einer Ravensburger Kirche einen Baldachinflügel aus rotem Taft und quartierte sich wenig später zu Konstanz in einem Schenkhaus ein, das von einem Schneider geführt wurde, was auch insofern praktisch gewesen sein mag, als Liesel den roten Baldachin hier zu einem Mieder umarbeiten lassen konnte.

Ihr zweiter: Matheis Ruttmann

Egal ob sie dieses rote Mieder bei der ersten Begegnung trug: Als sie den Matheis Ruttmann im Spätsommer 1781 im „Schäpfle" erstmals sah, sei auch, wie sie wohl gern erinnert, „die Bekanntschaft gleich angegangen." In Silja Kai Foshags Worten: „Elisabeth und der knapp zehn Jahre jüngere Rieser Matheis wurden augenblicklich ein Paar."[22] Man ließ sich falsche Schweizer Pässe machen, und am Pfingstdienstag 1782 war es offiziell die „Ruttmännin", die in Rapperswil – freilich nur kurz – geschnappt wurde.

---

20 Foshag, p.138.
21 Verhör Oberdischingen, 16.Oktober 1787; Foshag, p.138 und 388.
22 Foshag, p.143.

Münningen im Donauries: Dort war der Matheis als viertes von sechs Kindern des Bäckermeisters Johannes Ruttmann am 25.Februar 1757 auf die Welt und tags darauf durch lutherische Taufe ins Christentum gekommen. Der Vater Johannes war seinerseits ein Sohn des Müllers Georg Ludwig Ruttmann von der Weiltinger Kuchenmühle, 17 Kilometer nordwestlich von Munningen, und hatte die Münninger Bäckerstochter Maria Barbara Nagelin geheiratet. Wirtschaftlich gesehen war dieses eine Einheirat in die Sölde seines Schwiegervaters, welche, da kein Landbesitz zu ihr gehörte, ganz von den Einnahmen des Backbetriebs abhing. Es waren wohl die Missernten der Jahre 1770-1772, die dazu führten, dass Bäckermeister Ruttmann am 6.Juli 1772 seine „Behausung und Beckstatt" verkaufen musste. Der 15-jährige Matheis – „giebt sich für einen Bäcken aus" stand noch 1799 in seinem Steckbrief – war wohl der Lehrling seines Vaters gewesen. Nun legte er sich eine Krämerbutte zu, eine in Schubfächer unterteilte hölzerne Lade, die man an Gurten auf dem Rücken trug, wie's wohl auch die Lis gewohnt war mit ihrem eigenen mobilen „Laden", mit Schubladen voller „Schnierriemen ..., Nachtlichtern, Seiffen Kugeln und Pumad, wo sie selbsten machen könne", ergänzt durch „geistliche Waaren von Mariä Einsiedlen als Rosenkränz, Ammulät, Bilder"[23] und natürlich jene Strümpfe, die zu stricken sie niemals aufgab.[24]

Auf den Matheis lässt die Lis nichts kommen. Während der Konstanzer Hans nach seiner Verhaftung 1783 neben 100 „kochemer Baisen" (Gaunerspelunken) auch 500 Gauner und Gaunerinnen einschließlich seiner Schleiferbärbel verriet und auch noch gerne Tips zu Verhaftungen gab – all dies, um seine Haut zu retten – verteidigt die Lies wie eine Löwin die Unschuld ihres Matheis in allen Verhören und beteuert auch ungefragt immer wieder, dass sie „nichtß von ihme sagen könne".[25] Er scheint ein gut aussehender, passender Mann für die Schwarze Lis gewesen zu sein, denn die Sulzer Jauner- und Diebsliste von 1784, zusammengestellt hauptsächlich vom Konstanzer Hans, beschreibt ihn so: „Matthes, der Gaßnerin gegenwärtiger Beihalter, 5 Schuh 8 Zoll ungefähr groß [ca. 174 cm], aufrecht, schnagerer Postur, [...] schwarzbraunen lenglechten Angesichts, schwarzer Augen und dergleichen in Fischbein gerellter Haare und Augbraunen ..."[26]

---

23 Foshag, p.145.
24 Für Silja Kai Foshag (p.147) liegt in Liesels Stricken, als beständiger Selbstbestätigung ihrer eigenen Redlichkeit, „ein wichtiger Schlüssel zu ihrer Persönlichkeit".
25 Foshag, p.144.
26 Foshag, p.142, Fußnote781.

Dreieck in Reutlingen

Noch Jahre scheint währenddessen die Haft des *Johañ Gaßner* (so die Portrait-Inschrift) in Oberhausen gedauert zu haben. Seine Schwiegermutter war 1782 verstorben, aber alle Abgaben wurden in seiner haftbedingten Abwesenheit ordnungsgemäß weiterbezahlt. Wer die vier Kinder Hansjörg, Kreszenzia, Josephus (*23.7.1774) und Maria Josepha (*11.9.1777) versorgte, ist nicht bekannt. Am 21.Februar 1785 ist ihr Vater gezwungen, „von der Löbl. Allmosen Pfleeg zu Wallenhausen ein verzünßl. Anlehnen mit 6 fl. aufzunehmen" und „hierfür von seinem Vermögen so viel hierzu vonnöthen zu versetzen". Noch einen Winter hält er durch, aber am 7. März 1786 verkauft der Ex-Soldat seine Sölde „an Sigmund Lehner Burger, und Sattlermeister von Ichenhausen". Im Kaufvertrag bedenkt er seine erst acht Jahre alte Jüngste: „15 fl zahlbar an Johannes Gassners Tochter Josepha, 464 fl sofort bar; 86 fl in jährlichen Raten zu 12 fl, beginnend zu Martini 1786."[27] Aus der Nicht-ganz-unten-Schicht der Biberberger Söldenbesitzer war er wieder rausgefallen, zog nun wohl mit Leuten durchs Land, die er selber „seine Bande" nannte. Wissend, dass er „unter den ärgsten DiebsBanden lauffe, und auf das Einbrechen ausgehe", so erinnert sich Lis im Oberdischinger Verhör, sei sie damals aus gutem Grund „nicht mehr zu ihrem Mann gegangen." Sie hatte noch andere Gründe, ihm aus dem Weg zu gehen: „Die HauptUrsach aber ware, dass der Gaßner nun ihr immer mit Mord getrohet, und in allen Herbergen ausgegeben, wie er Inquisitin an einen Baum binden, und mit einem Messer durchstechen, ihr Kind aber an dem nächsten besten Baum herumschlagen wolle, wessentwegen sie auch dem Gaßner aller Orthen entwichen seye." Er selbst gab zu Protokoll, nachdem er „zu Oberhausen entlassen worden, habe er sich Mühe gegeben diese [seine Ehefrau] aufzusuchen". Und tatsächlich hatte er sie „zu Reitlingen an dem Simon und Judas Markt bey schon ersagten Lutherischen Pursch [dem Matheis] angetroffen." Ein Zeuge schildert später diese Begegnung im späten Oktober 1785: „Wie Gassner damals hiehero gekommen, so habe er sein Weib aufm Marckt angetroffen, welche mit dem Risser Matthessle kurze Waar fail gehabt habe, Gassner habe hierauf seinem Weib es sehr verwiesen, dass sie ihn verlasse, und mit einem andern herumziehe." Aus seinem eigenen Mund klingt die Szene anders: Er „seye mit den Gedanken umgegangen, ob er das Weib nicht gleich Arrestieren lassen wolle, auf Zusprechen anderer Leuthe und die von ihr selbst zugesagte Besserung, hauptsächlich aber in Rück-

---

27 Foshag, p.187 und 360 f.

sicht ihrer Schwangerschaft, und da er schon gewusst, dass derselben Leben hinseye, und das Kind in dem Lutherischen verbleibe, habe er selbe nicht Arrestieren lassen".[28]

Man kam zu einem Gentlemen's Agreement: Der Matheis habe „dem Gassner die Kist mit Waar und Weib gutwillig abgetretten, so dass der Gassner und sein Weib mit der Kist und was sie sonst gehabt von hier hinweg seien." Nach knapp einer Woche ergriff sie erneut die Flucht, denn „der Mann habe sie mißhandeln wollen, dahero sie in Abwesenheit ihres Manns welcher zu einigen Kamrathen gegangen, sich fortgemachet, und dem Matheisl ihrem Anhänger zugeloffen, deme sie alles erzählet, was der Mann mit ihr getrieben habe." Sowohl ihren tragbaren Laden mit 12 oder 15 Schubladen als auch ihre Kreze, gefüllt mit Ware, muss sie zurücklassen.[29]

Bei dieser Flucht war sie im fünften Monat, denn beim nächsten Frühlingsbeginn, am 21.März 1786, lassen „Joan Mathias Rutmann, vagus" und Elisabetha in der Pfarrkirche von Bleibach im Breisgau eine Tochter Anna-Maria taufen. Der Pfarrvikar notiert „Ehelich" und das Kind ist auch gut katholisch anstatt schlecht lutherisch, wie der alte Ehemann befürchtet hatte.

Schlecht für die Lis war, was ihrem Ex nun bald passierte. Ihre kleine Anna-Maria war gerade mal neun Monate auf dieser Welt, als Johannes Gassner geschnappt wurde. zusammen mit „6 von dieser Rotte". Am 18.Dezember wird er in Oberdischingen erstmals verhört. Und nun kennt er kein Rückhalten mehr bezüglich dieser „vulgo Schwarze Lies", welche mit einem „Pursch so Rieser Matheis genannt ... ein sündhaftes Laster Leben führe, nicht nur eine erfahrne Sackgreifferin und Diebin seye, sondern auch schon ... anderwerts inngelegen und aus der Gefängnis zu Oberhausen entrunnen" sei. Nach diesem, so Foshag, „Verrat durch ihren Ehemann" machte man sich sofort daran, „diese dem publico so schädliche Weibs Persohn mit Aufwändung vieler Kosten und Mühe auszukuntschafften."[30]

Die Mühe dauerte neun Monate, dann wurde sie gefasst, dank ihrem Kind. Die kleine Anna-Maria hatten ihre Gaunereltern in Neuhausen, unweit dem Wirtshaus „Zum Adler" in „fuchsen schneiders hause" für vierzehn Tage in Pflege gegeben. Nun reiste man getrennt zurück zum Kind. Als der Matheis im Adler eintraf, roch er Lunte, und der

---

28 Extractus Verhörprotokoll Johannes Gassner, Oberdischingen 1786 XII 18 (Foshag, p.188).
29 Verhörprotokoll Oberdischingen 1787 X 19, 162-164 (Foshag, p.189)
30 Verhörprotokoll Oberdischingen 1787 X 16, Vorbemerkung; Foshag, p.195, 385, 198 („Verrat").

Amtsvogt konnte lediglich nach Oberdischingen melden, der Gesuchte sei am 25. September dagewesen, doch „wie man nach ihm fahnden wolte, ist derselbe mit Zurücklassung eines Kästchens durchgegangen." Unklar ist, ob Elisabeth vom knappen Entkommen ihres Mannes Wind bekam. Jedenfalls war sie vorsichtig, hatte am 26. September „ein Weib bis zu dem Berg bey Neyhausen mitgenommen, und diese follens in das Haus wo ihr Kind gewesen, geschicket, diese an den Berg kommen lassen, und befraget, was es denn für ein Lermen mit dem Matheis seye, und ob sie dann ihr Kind nicht hollen därffe?" Was sie nicht wusste: Noch bevor sie Neuhausen erreichte, war von anonymer Seite „geheime Anzeige gemacht worden, das die Elisabetha Gasnerin Vulgo Schwarz Lies genant, Heüt Nacht zu Abholung ihres Kinds dahier eintrefen werde", und man hatte die Pflegemutter wohl auch instruiert, vorzuschützen, „sie müste bald ausziehen, in dem der HausMann das Haus verkauft habe."

Die Spionin kam zurück zur Wartenden, und da sie „ihr zugesprochen, dass sie ihr Kind zu sich nehmen müsse, weilen sie wirklich ausziehen müsse, so seye sie vollenß hineingegangen, aber gleich arretieret worden."[31]

Die Falle war zugeschnappt. In ihrer konfiszierten Krätze fand man „ein Mieder zum Schnüren aus geblümten Taft, eine Schürze, schwarz mit roten Blumen, eine schwarze Haube, ein seidenes Halstuch, schwarz mit rotem Saum, ein Kindermieder und ein Tauftüchlein, vier Kinderhäublein in unterschiedlichen Farben, einen blaugestreiften Schurz, zwei Hemden, ein Paar Frauen- und ein Paar gestrickte Männerhandschuhe, ein Paar weiße und ein Paar blaue alte Strümpfe, ein paar alte Stiefelrohr, ein kleines Beutelchen mit zwei Muskatnüssen und ein paar Nelken, einen kleinen ledernen Beutel mit schlechten alten Knöpfen, eine Laterne aus Messing mit Gläsern, ein Maria-Bild auf Papier gestochen und eine Schachtel, in der sich folgendes befand: ein paar Stoffreste, drei Kerzlein, zwei Marienbildchen mit Bleirähmchen und ein paar Kindlein von Maria Einsiedeln. Geschätzter Gesamtwert: 9 Gulden 27 Kreuzer.[32]

---

31 Foshag, p.197.
32 Wiebel in Blauert/Schwerhoff, p.780.

Die Herren

Oder wäre *The Big Players* die bessere Überschrift für diesen Ab-
schnitt, der von den drei Herren handelt, die 1782 in Ludwigsburg
zunächst in der Kapelle zum Gottesdienst und dann im Schloss zum
Kartenspiel zusammenkamen?
Inhaltlich geht's hier um Folgendes: Die Gassnerin war als parasitäres
Unkraut, als kranker Auswuchs aus dem streng geordneten Garten
der absolutistischen Gesellschaft auszujäten, mit der Sichel des
Scharfrichters. Dabei war sie menschlich wohl viel gesünder als die
drei Machos, die – jeder in seiner Art – die kranke gesellschaftliche
Ordnung in ihren eigenen kranken Lebensplänen verkörperten.

Starke rechte Herrscherhände, auch geübt im Kartenspiel. Von links: Franz
Ludwig Reichsgraf Schenk zu Castell; Herzog Carl Eugen von Württemberg, in Rom 1753; Zar Paul I. im Jahr 1800.

Der Aufräumer: Franz Ludwig Reichsgraf Schenk von Castell
Geboren in Oberdischingen anno domini 1736, war er vier Jahre älter
als der Gassner und sechs älter als die Lies. Als er 1821 starb, war er
verarmt, doch hatte er die Gassners um 33 Jahre überlebt.
Elisabeth hatte von ihren Eltern nicht mehr geerbt, als man auf einer
Kraxe leicht forttragen konnte. Franz Ludwig dagegen war bedauerns-
wert gefesselt an das immobile Erbe seines Vaters, des Marquart Wil-
libald Graf Schenk von Castell. Schenk bedeutet Mundschenk: So nah
also, dass er ihm an der Tafel Wein einschenken durfte, war irgendein
Vorfahr irgendeinem Kaiser gekommen. Wer hat, dem wird gegeben

24

werden: Nach dem Tod seines alten Herrn im Jahr 1764 erbte Franz Ludwig, Graf von Oberdischingen, auch noch die Herrschaften Gutenstein und Waal und nannte sich nun, etwas langatmig: „Herr und Graf zu Schelklingen, Berg und Altbierlingen, Gutenstein, Engelswies, Ablach und Altheim, Oberdischingen, Bach, Wernau und Einsingen, Hausen im Donautal und Stetten am Kalten Markt, Kaiserlicher Österreichischer Kämmerer, Churfürstlich Mainzischer Geheimer Rath und des vormaligen Hochstifts Eichstätt gewesener Erbmarschall". Und all dies aufgrund welches Geniestreichs bei der Ankunft in dieser Welt? Er hatte sich den richtigen, ehrbar Erbbares versprechenden Mutterschoß ausgesucht. Aus nämlichem stammten zwar auch seine zwei Brüder, Anton (gestorben 1799) und Kasimir (gestorben 1810), aber letzterer war als Augsburger Domkapitular gut versorgt und Anton war einfach zu spät gekommen.

„Nach seiner Herrschaftsübernahme", schreibt Wikipedia, „baute er ab 1765 das unscheinbare Oberdischingen zu einer kleinen Residenz aus. Eine neue Allee führte zu einem prächtigen Schloss inmitten eines standesgemäßen Parks. Später wurde das Ensemble durch ein schlossartiges Amtshaus, das 1788 ‚Fronfeste' genannte Zuchthaus und eine 1800 errichtete Kirche komplettiert. Was den 52-jährigen Grafen im Jahr 1788 dazu bewog, das Zuchthaus einzurichten, welches ihm dann seinen Beinamen „Malefizschenk" eintrug, ist ungeklärt. „Möglicherweise", schreibt Wikipedia, „hängt dies mit seinem ersten Fall, der *Erzdiebin Elisabetha Gaßnerin*, genannt *Schwarze Lies* zusammen. Diese war seit den 1760er-Jahren als Sackgreiferin, *Erzdiebin* und *Vagantin* ... aktiv. Nachgewiesen wurden ihr zahlreiche Diebstähle mit einem Gesamtschaden von 5859 Gulden. Bei ihrem dreistesten Diebstahl entwendete sie beim Besuch eines Großfürsten am Ludwigsburger Hof in der dortigen Hofkapelle niemand geringerem als Franz Ludwig Schenk von Castell einen Geldbeutel mit Goldwährung im Wert von 1700 Gulden."

Die Gassnerin sah das etwas anders. Am 3.März 1788 hatte sie, im nagelneuen Zuchthaus, für dessen Errichtung sie selbst vielleicht das Hauptmotiv gewesen war, den Amtmann vor dem Mittagessen um Bedenkzeit gebeten, und nach der Pause so angefangen: „Sie wisse noch einen recht großen Procken, den sie angeben wolle, hinnach aber wisse sie nichts mehr." – „Man wolle also hören", sagte der Amtmann. „Es beträfe Geld so in Gold bestanden und sie mit noch einer Kamräthin zu Ludwigsburg wie der Großfürst allda gewesen, als man aus der Kapelle gegangen, einem Herrn, welcher in der Taschen auf der einen Seiten Gold auf der andern Seite aber Thaller im GeldBeutl ge-

habt, und als man mit dem KlingBeutele herumgegangen, einen Thaller geopferet habe. Ihre Kamräthin, so nicht weit von diesem Herrn gekniet seye, habe solches wahr genommen, und es ihr Inquisitin gesaget. Wie nun gedachter Herr bald aus der Kirche gegangen, seye Inquisitin vorausgegangen, und unter der Kirchenthür neben dem Herrn sich hinstellen müssen, wo jndessen ihre Kamräthin demselben in die Tasche gelanget, und den Geld Beutl samt dem Geld erwischet. In diesem seyen 1400 fl. gewesen wovon sie beyläufig 350 fl. bekommen, das übrige aber ihre Kamräthin und derselben Mann, der ganz Herrisch und zu Ludwigsburg im HausZüns gewesen seye, behalten." –
„Wie ihre Kamräthin heiße?" –
„Diese heiße Lisabeth seye eine große starke Persohn, und laufe dermalen wieder mit ihrem Mann in dem Wyrtenberger Land herum, handle mit Schokulat, welche er selbsten machen könne, und werde dem sogenanten Kostanzer Hans vermuthlich bekannt seyn ..."
Dem Konstanzer Hans, der sie zurückgewiesen, und dessen Bärbel der Lis das Gesicht zerrissen hatte! Von dessen schwerkriminellen Kreisen sie sich, so Foshag, wohl distanzieren wollte! Der seit gut drei Jahren selber gefangen war und bereitwillig zur Erstellung der Sulzer Gauner- und Diebesliste beitrug, in welcher er auch geklagt hatte, dass seine Ex, die Schleiffer-Bärbel, inzwischen mit einem anderen herumziehe und dessen Geld verprasse![33]
Die Gassnerin scheint sich ihre Aussage in der mittäglichen Bedenkzeit gut überlegt zu haben, mit einem strategischen Konzept ähnlich dem des Konstanzer Hans, nämlich von sich selbst abzulenken, die eigene Rolle herunterzuspielen, die anderer aufzubauschen. Aber sie verplappert sich. Auf die geschickt beiläufig formulierte Frage des Verhörers, „ob sie bey dieser Gelegenheit den Großfürsten gesehen habe?" antwortet sie: „Den Herrn deme sie [!] das Geld genommen, habe sie [!] gesehen, und die Lisabeth habe ihr gesagt, dass es der Großfürst gewesen, und habe gedachter Herr auch eine Goldne TabacksTosen, die wie die Lisbeth gesagt, einen Viertling könne gewogen haben, gehabt. Welche sie [!] gesucht haben würde zu bekommen, wenn sie [!] das Geld nicht gestohlen hätten."
„Inquisitin solle mit Wahrheit sagen, wie groß dieser GeldDiebstahl gewesen?"
„Die Lisabeth habe ihr gesaget, dass das Geld in einem grünseidenen Beutl gewesen, und das Geld in 1400 fl bestanden seye, ob es hinnach mehrer gewesen, das wisse sie nicht wohl aber, dass sie bey diser

---

33 Foshag, p.136 (hier auch Fußnote 742).

Theilung zu kurz gekommen."

„Ob sie denn nicht wenigstens den Geld Beutl gesehen?""

„Ja, es seye ein grün seidener Beutl gewesen, wovon der obere Theil noch etwa aus dem SchurzSack der Lisabeth herausgehangen ..."

Hoppla! Wenn sie ihn so gesehen hat, warum musste ihr die Lisabeth dann noch sagen, dass er grünseiden war?

Kurz resümiert: Für mich bestätigt Liesels Aussage an diesem März-nachmittag des Jahres 1788, dass Graf Schenk zum Bau seines 1788 eröffneten Zuchthauses tatsächlich durch die seine Mannesehre tan-gierende Blamage motiviert war, welche die Gassnerin ihm sechs Jah-re vorher zugefügt hatte. Sieben Wochen nach Lis Gassnerins Aussage versicherte Graf Schenk „Bey Meiner Cavaliers Barolle, daß die von der Inquisitin angegebenen Umstände in Betreff des Mir zur Zeit des in Ludwigsburg angekommenen GrosFürstens aus Russland wieder-fahrenen beträchtlichen GeldDiebstahls durchaus wahrhaft, und Mir Mein gestrickt grünseydener GeldBeutel in der Kapelle zu gedachtem Ludwigsburg aus der Rocktasche unvermerkt gezogen, folgsam dar-mit Mir an Louisdor, Duggatten und Maxdor 1700 fl Diebisch ent-kommen seyen."[34]

„Da der Graf befangen war", bemerkt Wikipedia, „führte ein zusätz-liches Gutachten eines württembergischen Juristen zur Verurteilung der *Schwarzen Lies*."

Befangen war er in der Tat. Körperlich groß gewachsen, konnte der Erstgeborene seiner Familie sich keine andere Rolle vorstellen als eine herrschende. Eine *authoritarian personality* (im Sinn von Hork-heimer und Adorno) hatte hier den Absolutismus absolut verinnerlicht und versuchte, die Schadwirkungen krasser ökonomisch-sozialer Un-gerechtigkeit mit harter Hand zu eliminieren. Deshalb hatte er seine privatrechtliche Strafanstalt eingerichtet, in der er, staatlichen Straf-vollzug privatisierend, Delinquenten auf Provision bestrafte. Outsour-cing-Verträge mit 68 weltlichen, 40 geistlichen, 31 reichsstädtischen Herrschaften, darunter die Staatsregierungen von Bayern und Würt-temberg, die Reichsstadt Ulm und 11 Schweizer Kantone, sicherten ihm Kundschaft. Sein Zuchthaus für das Lumpenproletariat ist Ar-chitektur gewordene Gesellschaftsordnung: Der Zellentrakt umfasste „Stuben für bessere Klassen der Verbrechen", eine „Stube für gesittete-re Menschen Klasse" und „Blockhäuser für schwere Kriminal-Verbre-cher", dazu Beamtenwohnungen, eine große Küche und eine Kirche.[35]

---

34 Foshag, p.163.
35 Wikipedia, Artikel „Malefizschenk".

Was braucht die menschliche Gesellschaft mehr? Richtig: Gewalt zur Unterhaltung. „Ein ganz besonderes Vergnügen des ‚Malefizschenk' war es, als er seine Spitzbuben noch flott henken und köpfen lassen konnte, während ringsum das josephinische Gesetz, welches die Todesstrafe abgeschafft, den Scharfrichtern alle Gelegenheit benommen hatte, ihr ‚Meisterstücklein' zu machen. Sie konnten es derzeit nur noch in Dischingen. Gemeinhin kamen dort die Executionen gleich im Großen vor; sechs, acht, zehn wurden an einem einzigen Tage ‚von Rechtswegen' aus dem Leben geschafft und darüber gestaltete sich in Dischingen immer ein ‚wahres Volksfest'.[36]

Aus Ulm und aus Biberach, aber auch von der Alb herab strömten die Zuschauer zu den angekündigten Hinrichtungen. „Noch ehe die Sonne des Richttages aufgegangen war, fand eine ‚wahre Völkerwanderung' nach dem Hochgerichte statt."[37] Doch hört: Zwanzig Todesurteile wandelte der Graf in mildere Strafen um, oft erst auf dem Schafott selbst. So geschah es etwa der Victoria Eisenmännin, vulgo „Schöne Victor", zu der Scharfrichter Vollmer nur notiert: „Hat Todesangst ausstehen müssen." Soll heißen: wie die Gassnerin wurde sie am 16.Juli 1788 zur Richtstatt geführt, sah dort die Köpfe von Josef Fink und Liesel Gassner fallen, bevor sie – *amazing grace!* – vom Grafen begnadigt wurde. Den Erzgauner Michel Egger, genannt das „Vogelmändle", musste Schenk zwar am 10. August 1797 in die Schlinge fallen lassen, doch den Sohn des Vogelmändle machte er zu seinem Mann, ließ ihn in Oberdischingen erziehen und formte ihn später auf seinen Gütern in Gutenstein zum Jäger und Forstknecht.[38]

Auch in seiner Großmut bewies er sich als großer Herrscher, letzter Held einer großen Zeit, die 1789 in der Befreiung von Häftlingen der Pariser Strafanstalt „La Bastille" zu enden anfing. Im Mai 1800 öffneten, à la Bastille, französische Soldaten das Oberdischinger Gefängnis und ließen die Insassen laufen. Doch Schenk bekam neue. Im Jahr 1804 wurde ein Komplott zur Befreiung des „Wälderlieselhannes" und des „Memmingerhans" in letzter Minute vereitelt. Als aber im Jahr 1808 Oberdischingen und die zugehörigen Gebiete im Königreich Württemberg aufgingen, kam das Aus für Schenks Privatzuchthaus. Eine Untersuchung habe „nur zu deutlich veroffenbart, daß bei Verwaltung der Kriminal-Justiz zu Oberdischingen wirklich schreiende Ungerechtigkeiten und über alle Begriffe gehende Unordnungen,

---

36 Schmidt-Weißenfels: Der „Malefizschenk", in: Die Gartenlaube, Leipzig 1877, Heft 23, p. 384–387 (Wikisource).
37 Pflug, p.171.
38 Wikipedia, Artikel „Malefizschenk".

Willkürlichkeiten und Verzögerungen vorgegangen". So urteilt ein Reskript der Kgl. Württembergischen Regierung und bemängelt unter vielem anderen, dass der gnadenreiche Graf von Schenk „schon Fakultätsgutachten, nach welchen nicht auf die Todesstrafen, die er erkennen wollte, angetragen war, wieder zurückgeschickt und deren Abänderung angesonnen habe."[39] Der Graf entgegnete: „Wenn es in meinem Charakter lag, Delinquenten unmenschlich-grausam zu behandeln, warum ließ ich niemal einen auf die Tortur bringen ..., warum ließ ich es mich nicht verdrießen, 19 an der Zahl, die schon zum Tode condemniert waren, zu pardonnieren und auf meine Kosten im Zuchthaus lebenslänglich zu erhalten? Warum habe ich so viele Kinder abgeurteilter Verbrecher erziehen lassen, in die Schule geschickt, die einen in herrschaftlichen Diensten angestellt, viele andere Handwerke und andere Gewerbe erlernen lassen ...?" Und allen war's doch recht so: „Alle Schwäbischen Reichsstände, Kantone in der Schweiz associreten sich mit mir und schickten mir ihre Arrestanten zur Inquisition, Aburteilung und Exekution zu, vor welcher aber die Urteile der einliefernden Behörde zur Bestätigung geschickt wurden."

Schon ein Jahr zuvor hatten freilich andere ihr eignes Urteil umgesetzt: Am 3.Juni 1807 brannte das Schloss des Grafen bis auf die Grundmauern nieder. Indizien deuten auf einen Racheakt von „alten Bekannten". Durch den Brand wurde auch das gräfliche Archiv zu einem großen Teil vernichtet. Der Graf bezog daraufhin einen Flügel der Fronfeste, wo er verarmt im Mai 1821 verstarb, vereinsamt als „Gefangener seiner eigenen Mission [...] am Ort seiner großen Triumphe und Niederlagen".[40] Vorher schon hatten die gar nicht lustigen Verbrecher „sein Lustschloß im Walde von Bach ausgeraubt und im Innern furchtbar verwüstet."[41]

Freilich handelte er nicht nach einem dekadenten Lustprinzip; philanthropische Züge, etwa in der erziehlichen Sorge für die minderjährigen Kinder inhaftierter Frauen, sind ihm nicht abzusprechen. Die Summe Geldes aber, die er in Ludwigsburg zum nachmittäglichen Kartenspielen mitnahm, und von der er vormittags einen Thaler in den Klingelbeutel opferte, hatte den Gegenwert von drei kleinbäuerlichen Anwesen, wie die Gassners eines kurze Zeit ihr eigen nannten. Zwei

---

39 Pflug, p.183 f.
40 Casimir Bumiller: *Geschichte der Schwäbischen Alb. Von der Eiszeit bis zur Gegenwart.* Casimir Katz Verlag, Gernsbach 2008, p.269 (nach Wikipedia, Artikel „Malefizschenk").
41 Schmidt-Weißenfels, l.c. (Der „Malefizschenk", in: Die Gartenlaube, Leipzig 1877, Heft 23).

kleine Notizen zu einem exekutierten Malefizen illustrieren noch besser den über allem und natürlich auch über Gott stehenden Herrschaftsanspruch des Malefizschenk:

„Walderlisel Hannes, ist der Strick mit ihm gebrochen": So notiert Scharfrichter Vollmer für den 18.Oktober 1804. Das heißt: Als der Walderlisel Hannes schon am Galgen hing, riss der Strick. Zwar verstand man ein solches „Galgenwunder" seit dem 16.Jahrhundert nicht mehr generell als „Gottesurteil", dem gemäß der so Gerettete den Galgen als freier Mann verließ, weil Gott zu seinen Gunsten eingegriffen hatte. Doch was Guillaume Bouchet Ende des 16.Jahrhunderts schrieb, galt wohl auch für das Volksfest rund um das Schafott des Jahres 1804: „Auch das gemeine Volk, das barmherzig ist, wollte oft arme Verbrecher retten, wenn beim Hängen der Strick riss oder der Scharfrichter sein Werk stümperhaft versah. Es gibt sogar Rechtsgelehrte, die dafürhalten, man solle die Ärmsten, die so dem Tod entrinnen, begnadigen ... denn das sei, so meinen sie, ein Wunder."[42] Doch für solche Wunder durch den Herrn im Himmel war der Herr der Grafschaft schon viel zu aufgeklärt. Am nächsten Tag, dem 19.Oktober, sandte man von Dischingen an den Kurbadischen Hofrat Roth in Emmendingen und den Oberamtmann Schäffer in Sulz Vollzugsmeldung: „Tiroler Kaspars Bub, Memmingerhans, Körber und Wälderliselhannes haben gestern vollendet, auch Federhannsen Matheis, Egid Bucheler, Xaver Stetter und Felix Mayer ihre Bestrafung erhalten ..."[43]
Von allen Stricken wollte diesmal keiner reißen.

Der Zar der Zukunft: Pavel Petrowitsch

Das herbstliche Licht der russischen Ostseeküste erblickte er am 1.Oktober 1754 in Sankt Petersburg. Dass er als junger Kronprinz von 27 Jahren mit Graf Schenk in Ludwigsburg zusammentraf, liegt daran, dass er dem Haus Romanov-Holstein-Gottorp angehörte, deshalb von 1762 bis 1773 Herzog von Holstein-Gottorp war und vor allem daran, dass er deutsche Frauen liebte. 1773 schloss er seine erste Ehe mit der deutschen Prinzessin Wilhelmina Luisa von Hessen-Darmstadt (1755–1776), die nach ihrer russisch-orthodoxen Konversion *Natalja Alexejewna* hieß, aber bereits im dritten Ehejahr, am 26. April 1776, zwei Tage nach der Geburt ihres ersten Kindes und am selben Tag wie dieses starb. Schon am 7.Oktober desselben Jahres hei-

---

42 Schuster, p.246.
43 Pflug, p.175.

ratete der Witwer die deutsche Prinzessin Sophie Dorothee von Württemberg (1759–1828), die russisch-orthodox *Maria Fjodorowna* hieß. Sie brachte zehn Kinder zur Welt: vier Söhne und sechs Töchter, unter ihnen die späteren Zaren Alexander I. und Nikolaus I. Das klingt nach guter Ehe und bester Gesundheit. Was soll krank sein an Pavel Petrowitsch?

„Am Todestag Katharinas der Großen, dem 17. November 1796, erklärte sich der 42-jährige Paul zum Zar. Am 5. April 1797 erließ er, wohl aus Hass auf seine Mutter, die ihn zeitlebens gedemütigt hatte, ein Dekret, das nur noch männliche Nachkommen zur Thronfolge zuließ. Am 17. April erfolgte seine offizielle Krönung. Wie von einer fixen Idee besessen verfügte er in allen Dingen das genaue Gegenteil dessen, was zur Zeit seiner Mutter angeordnet worden war."[44]

Nur männliche Nachkommen als Thronerben zuzulassen, mag weder katholischen Christen noch orthodoxen Juden und Muslimen als krank erscheinen. Von einer Dynastie, die nur *weibliche* Nachkommen auf den Thron setzt und männliche ausschließt, hat man jedoch seit Jahrtausenden nichts vernommen. Das wär' ja unerhört! Wo käme man da hin? Abgesehen davon gab es in der Politik des jungen Zaren einiges, das geistig recht gesund und fortschrittlich erscheint. Er schloss in vielen Punkten an die Pläne seines Vaters Peter III. an, die dieser aufgrund seiner Ermordung nicht hatte umsetzen können: Pavel Petrowitsch amnestierte die durch den Geheimen Staatsrat Verurteilten, schränkte die Macht der Grundbesitzer über die Leibeigenen ein und begrenzte deren Pflichtarbeit für die Landbesitzer auf drei Tage je Woche. Er befreite die politischen Gefangenen und schaffte die Wehrpflicht ab. Dies jedoch nicht aus antimilitärischen Neigungen; im Gegenteil bewunderte er das preußische Militär und führte sogar den preußischen Soldatenzopf wieder ein. Überdies ließ er Pläne vorbereiten, mit diesen gut gedrillten Truppen die britischen Gebiete in Indien anzugreifen. Und diese Pläne waren, so Wikipedia, wohl ein Hauptgrund für seine Ermordung.

Aufgrund zahlreicher Morddrohungen hatte sich Paul auf einer kleinen Insel zwischen den Flüssen Fontanka, Moika und zwei Kanälen ein massives Hochsicherheitsschloss bauen lassen. Nach sechs Jahren Bauzeit wurde der Palast am 1. November 1800 der offizielle Wohnsitz der Familie des Kaisers. Alle Zugbrücken, Wachen und zahlreichen Sicherheitsanlagen halfen jedoch nicht. In der Nacht zum 24.März 1801, neunzehn Jahre nach Ludwigsburg, war Paul I. hier das Opfer,

---

44 Wikipedia, Zar Paul I.

31

erdrosselt mit seiner eigenen Schärpe von adligen Verschwörern. Angesichts dieses Todes durch „Halsgericht" im selben Alter wie die Gassnerin drängt sich mir ein sehr natürlicher Vergleich auf. Was biologisch zählt, ist die Zahl der Nachkommen eines Individuums. Die Gassnerin brachte acht Kinder zur Welt, von denen wohl fünf die Mutter überlebten. Ihr erfolgreicher Verfolger Graf Schenk hatte mit seiner Gemahlin Maria Philippina Amalia Freiin von Hutten zu Stolzenberg (1747-1813) sieben Kinder: der erste Sohn Franz Joseph (1767–1845) erbte die Grafschaft, der zweite Sohn Philipp Anton (1768–1811) wurde zum Geistlichen bestimmt, der dritte namens Kasimir (1781–1831) starb kinderlos mit 50 Jahren. Von den vier Töchtern ist nur bekannt, dass Maria Ludovika (1778–1850) den standesgemäßen Schwiegersohn Carl Anton Graf Fugger, Herr von Nordendorf anbrachte, während Maria Josepha († 1850) mit Johann Ignaz Freiherr Schenk von Stauffenberg-Rißtissen (1770–1807) verheiratet war. Ähnlich den Gassners, freilich auf anderem Niveau, lebte das Ehepaar Schenk meist getrennt, da die Gräfin dem Zuchthausprojekt ihres Gatten ablehnend gegenüberstand.

Mit dem Tod seines Urenkels Ludwig Anton Graf Schenk von Castell (1860–1902) erlosch die männliche Linie des „Malefizschenk"; die letzte Namensträgerin war Ludwig Antons einzige Tochter, Maria Blühdorn geborene Gräfin Schenk von Castell, geboren 1901 und gestorben 2004 im gesegneten Alter von 103 Jahren.

17 Jahre jung war Sophie alias Maria Fjodorowna bei der Hochzeit mit dem fünf Jahre älteren Witwer Pavel Petrowitsch. Mit 18 Jahren gebar sie das erste und mit 39 das letzte ihrer zehn Kinder, die es alle zu etwas brachten.

1. Alexander wurde Zar und Louise, Prinzessin von Baden, gebar ihm zwei Söhne, die aber wohl nicht seine Gene hatten.

2. Konstantin, als gewalttätig bekannt, heiratete die 15-jährige Juliane, Prinzessin von Sachsen-Coburg-Saalfeld. Von ihren drei Kindern hatte nur das erste Zarengene, allerdings die ihres Schwagers Alexander.

3. Alexandra: Verliebt, verlobt, doch nicht verheiratet mit Gustav (IV.) Adolf von Schweden; Verlobung platzte wegen Vertragspassus „behält russisch-orthodoxe Religion". Verheiratet dann mit Joseph, Erzherzog von Österreich, nicht immer glücklich (wg. Schwiegermutter Maria Theresia); starb 1801, kurz nach ihrem ersten Kind, an Kindbettfieber.

4. Helene: mit 14 Ehefrau von Friedrich Ludwig, Erbprinz von Mecklenburg-Schwerin, mit 16 erste, mit 18 zweite Mutterschaft und Tod.

5. Maria bekam ihren Carl Friedrich, Großherzog von Sachsen-Wei-

mar-Eisenach, und von ihm vier Kinder (3 überlebten); galt in Weimar als Mäzenin und „Engel der Armen, Kranken und Waisen".
6. Katharina schenkte Georg von Oldenburg zwei Söhne, wurde durch Typhus zur Witwe ihres ersten Mannes, dann an der Seite von Wilhelm I. die zweite Königin von Württemberg, Wohltäterin der Armen, Mutter zweier Töchter und Opfer der Untreue ihres zweiten Mannes: Als sie erfahren hatte, dass er nicht bereit war, sein Verhältnis mit der italienischen Adligen Blanche de la Flèche aufzugeben, fuhr sie den beiden pfeilschnell doch nur dünn bekleidet in das Königliche Privatgestüt Scharnhausen nach, wobei sie sich in der Januarkälte 1819 eine tödliche Grippe zuzog.
7. Die kleine Olga starb im dritten Lebensjahr.
8. Anna wurde mit 1 Million Rubel Mitgift an der Seite des Oraniers Wilhelm II. die zweite Königin der Niederlande, gründete 50 Waisenhäuser, gebar ihrem notorisch untreuen Ehemann fünf Kinder (4 überlebten) und sprach Holländisch bald besser als er.
9. Nikolaus wurde nach dem frühen Tod seines ältesten Bruders für dreißig Jahre Russlands Kaiser. Mit Charlotte von Preußen hatte er vier Söhne und drei Töchter.
10. Nesthäkchen Michail holte Prinzessin Charlotte von Württemberg nach Petersburg. Die 17-jährige Braut galt als äußerst intelligent und Michail war auch beeindruckt von ihrer Schönheit, aber die Ehe war nicht glücklich, weil Michael sich mehr für die Armee interessierte. Trotzdem fünf Töchter, von denen drei die Kindheit überlebten.
Somit hatte Pavel 28 Enkel, von denen 24 selbst ins heiratsfähige Alter kamen. Nicht schlecht, aber gar nichts gegenüber den 77 natürlichen Söhnen, die der dritte der Ludwigsburger Männerrunde ausdrücklich anerkannte, neben einer ehelich gezeugten Tochter und (nach biologischer Wahrscheinlichkeit) gut 70 unehelichen, nicht anerkannten.[45]

Der Leithengst: Herzog Karl Eugen
Karl Eugens 54 Jahre währende Regierungszeit, von seiner Einsetzung als Neunjähriger im Jahr 1739 bis zu seinem Tod 1793, fiel mit dem Höhepunkt des Absolutismus zusammen, und der junge Landesherr tat alles, um seinen Hof zu einem der glänzendsten in Europa zu machen. Mit ungeheurem finanziellen Aufwand, der Württemberg an den Rand des Ruins führte, gelang ihm das zeitweise: Für seine prunkvolle Hofhaltung ließ er nicht nur das Neue Schloss in Stuttgart, sondern

---

45 Wikipedia, Karl Eugen von Württemberg.

33

auch Schloss Monrepos und später noch Schloss Hohenheim erbauen. Am liebsten wohnte er jedoch in seinem Erstlingswerk Schloss Solitude, das er über die schnurgerade, exklusiv dem Hofstaat vorbehaltene Solitude-Allee mit dem Ludwigsburger Schloss verband, inklusive einer rechtwinkligen Achse von der Solitude in Stuttgarts Süden. Das strahlte Ordnung aus. Fürs Feine wurden möglichst die besten Künstler aus allen Sparten nach Württemberg verpflichtet, und des Herzogs Feste waren so legendär wie seine zahllosen Affären. Das kostete Geld. Und hier pflegt diese geradlinige gesellschaftliche Ordnung eine senkrecht abzweigende Praxis, welche Zeitgenossen wie den ausgedienten Soldaten Gassner, den Offizierssohn Friedrich Schiller und die Soldatentochter Ebner recht direkt betraf: den Soldatenhandel.

In seinem dritten Regierungsjahr verkaufte Karl Eugen das reguläre württembergische „Dragoner-Regiment Herzogin Maria Auguste" an den König von Preußen. Das Regiment erhielt in Preußen den Namen „Dragoner-Regiment Württemberg" und bestand dort bis 7. November 1806. Junge Hessen, verkauft von Landgraf Friedrich II. von Hessen-Kassel, stellten rund ein Drittel der Truppen, die Großbritannien im Amerikanischen Unabhängigkeitskrieg gegen die demokratischen Rebellen in die Schlacht warf. Das erste Kontingent mit rund 12.000 Soldaten bestand nahezu komplett aus Freiwilligen, erst für die rund 8.000 Mann Ersatz wurden zunehmend Rekruten auch in Gefängnissen und Armenhäusern außerhalb Hessens geworben. „Heute morgen sind 10.000 Landeskinder nach Amerika fort, die zahlen alles" lässt der Schwabe Friedrich Schiller in „Kabale und Liebe" einen Kammerdiener der Lady Milford sagen, zur Beruhigung bezüglich des Preises eines venezianischen Diamantkolliers.

1786 machte wieder der Schwabenherzog Kasse: Das von Karl Eugen für 900.000 Reichstaler an die Niederländische Ostindien-Kompanie vermietete „Kapregiment" war in Südafrika, auf Ceylon sowie den Inseln Sumatra und Java eingesetzt. Von den 3.200 Mann kamen weniger als 100 zurück. In Kapstadt fiel auch – als Offizier, versteht sich – Friedrich Wilhelm von Franquemont, Sohn der Silbermagd Margarete Traub, und Vater nannt' er wen? Den Carl Eugen.

Des Landes Vater zeugt 77 Söhne mit des Landes Jungfrauen, und opfert Söhne nicht am Kreuz, sondern in fernen Kriegen, um mit dem Erlös seine pathologische Genuss- und Statussucht zu bezahlen. Carl Eugen war ähnlich krank wie etwa Sergio Cabral, der Gouverneur von Rio de Janeiro, und seine Frau, denen die brasilianische Polizei im Zeitraum von 2015-2017 gut 170 Flüge nach New York und Paris nachwies, wo sie das gute Leben pflegten, mit Geldern, die sie auch aus den Fonds der staatsfinanzierten Schulspeisung für Rios Favelakinder abgezweigt hatten. Freilich konnten die Cabrals nicht wie Carl Eugen 6000 Hirsche von Bauern zusammentreiben lassen, zur jagdlichen Unterhaltung der Ludwigsburger Festgäste.[46]

Bezeichnend in ganz anderem Sinne war die erste Amtshandlung des nun 15-jährigen Karl Eugen im Jahr 1744 gewesen: Er ließ den Leichnam des Joseph Süß Oppenheimer aus dem eisernen Käfig nehmen, in dem er sechs Jahre lang hoch über Stuttgart gehangen hatte, und ihn verscharren. Bezeichnend, denn was hatte der Jud Süß verbrochen? Um die desolaten Finanzen des Landes mit dem absolutistischen Repräsentations- und Geldbedarf des Herzogs Karl Alexander in Einklang zu bringen, hatte Oppenheimer durch merkantilistische Maßnahmen und rigide Steuerpolitik den Staatshaushalt saniert und dabei als stereotypischer Geldjude zwangsläufig alte Bilder vom Verrat mit dreißig Silberlingen geweckt. Letztlich starb Süß für die Verschwendungssucht der christlichen Herrscher, die den Juden wie üblich dreifach nutzten: Erstens als Finanzexperten, zweitens als Ansammler konfiszierbaren Vermögens und drittens als Opfer für die Massen in einem „durchinszenierten Hinrichtungsfestspiel".[47]

Die Hinrichtung des Juden Süß war ein Volksfest wie die Scharfgerichte in Oberdischingen und die Verbrennung von Judaisanten bei Autos-da-Fé, für die man vorher Eintrittskarten erwerben musste: Lissabons Frauen des Adels kamen „in ihren besten Kleidern, geschmückt durch prächtige Juwelen, das Volk mit Verpflegung und Leckerbissen wie zum Picknick" zum Akt-des-Glaubens. „Soviele Emotionen konzentriert an einem Tag, wie ein Lichtstrahl die Monotonie des Alltags durchbrechend, schufen ein Ersatzglück für die Massen, eine berauschende Dosis von Terror und Ekstase."[48] In Stuttgart gab es rings um den zwölf Meter hohen Galgen neben Tribünen „für Cavalliers und Dames" auch Buden für den Bier- und Weinbedarf der 20.000 Besucher dieses Volksfests, die – wie bei der Liesel in Oberdischingen – auch rasch gedruckte Schmähschriften kaufen konnten. In allen drei Fällen hatte das reinigende Menschenopfer für die Massen auch den Zweck, diese Massen per „Flucht vor der Wirklichkeit in den Hass"[49] bezüglich der tatsächlichen ökonomischen Verhältnisse zu kalmieren.

---

46 Foshag, p.160.
47 Denkblatt J.S.Oppenheimer, Stiftung Geißstraße 7, Stuttgart 11/2013.
48 Nazario, p.102.
49 Gerber, p.279.

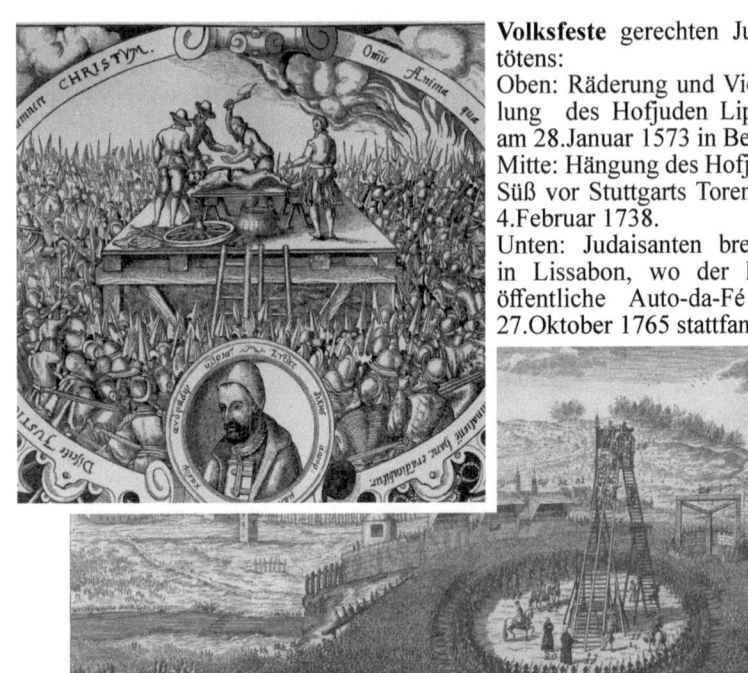

Volksfeste gerechten Juden-
tötens:
Oben: Räderung und Viertei-
lung des Hofjuden Lippold
am 28.Januar 1573 in Berlin.
Mitte: Hängung des Hofjuden
Süß vor Stuttgarts Toren, am
4.Februar 1738.
Unten: Judaisanten brennen
in Lissabon, wo der letzte
öffentliche Auto-da-Fé am
27.Oktober 1765 stattfand.[50]

50 Roth, p.351 f.; die Lithographie stammt aus dem Jahr 1822.

Zur Erhellung dieser Verhältnisse zunächst das Beispiel Schinderhannes: Der Hundsbacher Bürgermeister, Pfarrer Born, unterrichtete am 20.März 1802 den Gerichtspräsidenten in Birkenfeld über die Haltung der Bevölkerung seines Dorfes. Ein Großteil, so Born, unterstütze die Bande, nahezu zwei Drittel billige die Tatsache, dass der Schinderhannes hauptsächlich Juden überfalle. Sogar die „fränkischen Truppen hätten geäußert, dass der Schinderhannes ein braver Mann sei, der nur die Spitzbuben, die Juden, verfolge". Die Ursache für diese Einstellung sah Pfarrer Born in den „zeitgenössischen Stereotypen", die er selbst ohne Konjunktiv beschreibt: „Diese Sekte lebt, ohne durch Kunstfleiß und Handwerke etwas mögliches zu verfertigen oder durch Ackerbau nützliche Produkte zu liefern, zum Theil vom Handel und größtenteils vom Wucher und macht sich kein Gewissen daraus, wo bis mehere 100 Procent vom armen Landmann zur Zeit der Noth" zu erpressen. Die Juden als „Peiniger der Landbevölkerung und Wucherer" seien also an ihrem Schicksal selber schuld, die Überfälle auf sie wurden als gerechte Strafe gedeutet.[51]

Bezüglich solcher Wucherzinsen schrieb, zum zweiten Beispiel, just in Pfarrer Borns Tagen am Beginn des 19.Jahrhunderts, der hessen-darmstädtische Minister du Bos du Thil: „Man kann vielleicht überhaupt sagen, dass die Juden in den Städten und auf dem Land heut zu Tage ebenso oft betrogen werden als die Christen, denn um etwas zu gewinnen, wagen sie das Äußerste [...] wo niemand mehr borgen will, borgt noch der Jude".[52] In solch riskanten Fällen, wo Juden in ihrer durch faktischen Ausschluss aus der christlichen Berufswelt zugewiesenen Geldjudennische zwar niemand „erpressten", bei ihnen Kredit zu nehmen, aber aus guten Gründen Zinsen über 100 Prozent von solchen Kreditnehmern verlangten, denen kein Christ noch einen Heller leihen wollte, war für in Not geratene Christen die Alternative zum Kredit vom jüdischen Wucherer schlicht die Zwangsversteigerung.

Hierzu als drittes Beispiel das kleine Biberberg der Gassnerin: „Das bei Donauwörth gelegene reichsunmittelbare Zisterzienserkloster Kaisheim ... hatte das Dorf samt Acker-, Wiesen- und Waldbestand, einer Braustatt, einem Gesund- oder Wildbad, zwei Fischweihern ... mit allen zugehörigen Rechten im Jahr 1666 von dem Ulmer Patrizier Johann Khonn für die Summe von 25.000 Gulden käuflich erworben. 1669 war ein weiterer Hof durch Kauf von Marx Neubronner von und zu Eisenberg in sein Eigentum übergegangen."[53]

---

51 Fleck, p.239.
52 Rohrbacher/Schmidt, p.121 f.
53 Foshag, p.63.

Über den nicht in Klosterbesitz befindlichen Nachbarhof des letztgenannten Hofes ist 1771 notiert: „Zwangsversteigerung auf Beschluss von Abt Coelestinus wegen Überschuldung des Adam Bürkle." Wie, wenn diese wahrscheinlich notwendige, sein Gut wohl zerstükkelnde Zwangsversteigerung nicht durch den geistlichen Gläubiger, sondern durch einen Juden namens Kohn, Marx, Neubrunn verfügt worden wäre? Anstatt durch einen katholischen Abt, dessen Orden laut Wikipedia seit dem 11.Jahrhundert „durch Spenden, Stiftungen und Erbschaften ein großes Vermögen und weite Ländereien erworben" und die damals größte Kirche der Welt gebaut hatte; ein Orden, dessen Mönche auf dieser Basis in jesuanischer Armut ein weltabgewandtes Leben führen konnten, in Gegensatz zu jenen Enkeln des Judas, die noch immer mit dessen dreißig Silberlingen wucherten? Der Elsässer Pfarrerssohn Albert Schweitzer (1875-1965), der später als Urwalddoktor auf jüdische Kollegen und seine jüdische Frau Helene Bresslau baute, lässt es in seiner Kindheitserzählung „Mausche" ahnen:

Ein Jude aus einem Nachbardorfe, Mausche genannt, der Vieh- und Länderhandel trieb, kam mit seinem Eselskarren zuweilen durch Günsbach. Da bei uns damals keine Juden wohnten, war dies jedesmal ein Ereignis für die Dorfjungen. Sie liefen ihm nach und verspotteten ihn. Um zu bekunden, dass ich anfing, mich erwachsen zu fühlen, konnte ich nicht anders, als eines Tages auch mitzumachen, obwohl ich eigentlich nicht verstand, was das sollte. So lief ich mit den andern hinter ihm und seinem Esel her und schrie wie sie: „Mausche! Mausche!" Die Mutigsten falteten den Zipfel ihrer Schürze oder ihrer Jacke zu einem Schweinsohr zusammen und sprangen damit bis nahe an ihn heran. So verfolgten wir ihn vors Dorf hinaus bis an die Brücke. Mausche aber, mit seinen Sommersprossen und dem grauen Bart, ging so gelassen fürbass wie sein Esel. Nur manchmal drehte er sich um und lächelte verlegen und gütig zu uns zurück. Dieses Lächeln überwältigte mich. Von Mausche habe ich zum ersten Male gelernt, was es heißt, in Verfolgung stilleschweigen. Er ist ein großer Erzieher für mich geworden. Von da an grüßte ich ihn ehrerbietig. Später, als Gymnasiast, nahm ich die Gewohnheit an, ihm die Hand zu geben und ein Stückchen Wegs mit ihm zu gehen. Aber nie hat er erfahren, was er für mich bedeutete. Es ging das Gerücht, er sei ein Wucherer und Güterzerstückler. Ich habe es nie nachgeprüft. Für mich ist er der Mausche mit dem verzeihenden Lächeln geblieben, der mich noch heute zur Geduld zwingt, wo ich zürnen und toben möchte. [54]

---

54 Schweitzer, Albert: Aus meiner Kindheit und Jugend (1927), ca. p.15.

„Die Hauptpersohn in Deutschland"

Ihr Mann, der „zum Taschendiebstahl „vermutlich überhaupt kein Talent" hatte, der statt dessen lieber Bauernhäuser, gelegentlich auch Bienenstöcke ausraubte,[55] dem aber die Analphabetin Elisabetha das Geldzählen überlassen musste, zollte seiner Frau kein geringes Lob: „Diese seye die Hauptpersohn in Deutschland, und habe als „erfahrene Sackgreiferin und Diebin" alle ihre Lehrmeister weit übertroffen. Wenn sie etwas nur sehe, und es gerne hätte, so habe sie solches in einem Augenblick, sie laufe nur an denen Leuthen vorbey, und habe gleich die Sack Uhren oder Geld aus dem Sack, so geschwind, daß man meine, sie könne das Hexenwerk."[56]
Welche Fähigkeiten braucht ein Mensch, um ein Genie im Taschendiebstahl zu werden? Zunächst natürlich die körperliche, taktile Geschicklichkeit, so sanft in eine nah beim Körper des Opfers befindliche Tasche greifen, dort eventuell noch tasten und schließlich ein dickes Geldbehältnis herausziehen zu können, dass der Bestohlene diese Bewegungen an seiner Haut nicht spürt. Wichtiger ist aber die emotionale Intelligenz: am Äußeren und Verhalten einer Person ablesen zu können, ob bei ihr etwas zu holen ist; wahrnehmen zu können, wann diese Person unaufmerksam ist; sie ablenken und den richtigen Zeitpunkt abpassen zu können. Und schließlich muss eine Sacklangerin sich gut verstellen können, eine talentierte Schauspielerin sein.
In diesen Eigenschaften trifft sie sich recht gut mit zwei jüdischen Illusionisten: weniger mit dem 1946 als Sohn des österreich-ungarischen Elternpaars Jitzchak und Margarete Gellér (geb. Freud) in Tel Aviv geborenen Uri Geller, der, nachdem er in einer Fernsehshow 1974 deutschlandweit die Gabeln in bürgerlichen Besteckschubladen „telepathisch" verbogen hatte, ein paar Tage fast die Hauptperson in Deutschland war. Viel mehr – und auch äußerlich – ähnelt die Gassnerin dem Zauber- und Befreiungskünstler Harry Houdini, geboren 1874 in Ungarn als Sohn des Seifenmachers Mayer Samuel Weisz (1829–1892). Schon als Kind besaß er enorme Fingerfertigkeit, konnte spielend Schlösser öffnen, ohne Schlüssel. Mit 16 las er ein Buch über den französischen Magier Robert-Houdin, als Star der Magier ließ er selber später im Hippodrom von New York regelmäßig Elefanten verschwinden. Lebenslang eng verbunden blieb Houdini mit seiner

---

55 Talent: Vermutung Foshags, p.228; Bienenstöcke: Verhör 16.Okt.1787.
56 Verhör Johann Gassner,1786 XII 18 (d.h. 18.Dezember), Foshag, p.9 f., zitiert auch von Eva Wiebel in Blauert/Schwerhoff, p.791.

Mutter, deren Fürsorge ihm sein Vater auf dem Sterbebett anvertraut hatte. Obwohl er sich gerne unter Wasser oder kopfüber an Wolkenkratzern hängend, also in akuter Todesgefahr aus Polizeihandschellen oder Zwangsjacken befreite, hatte er starke Angst vor dem Tod – und eine ähnlich starke Antipathie gegen betrügerische Spiritisten, deren Tricks er vielfach erfolgreich aufdeckte.

Harry Houdini (Erik Weisz, 1874-1926).

Wie die letzteren wusste die Gassnerin gut, die wundergläubige Abgelenktheit ihrer Opfer auszunutzen. Als „im Sackgreifen wohl erfahren" beschreibt sie der Konstanzer Hans, weshalb sie „besonders auf dem Blutfest in Weingarten manches Hundert Gulden hohle."[57] Literarisch farbiger schreibt der Maler Pflug: „1774 am Blutfreitag in Weingarten stand ein unvorsichtiger Herr mit prunkendem Uhrencachet unter der Menge; als der Augenblick gekommen war, wo sich ein jedes der Tausende von Menschenaugen auf das erhobene, kostbare Gefäß richtete, in dem die Tropfen des heiligen Bluts schimmerten, trat ein fremder Kerl, der Gaßner, vor die andächtigen Uhrenbesitzer, und als der Letztere sich von diesem Augenschirm mit Unwillen befreit hatte, war er auch eine silberne Sackuhr los, welche die feinen Finger der schwarzen Lies aus dem ‚Uhrentäschl' gelanget."[58]

Mehrfach gelang es der Lis, sich nach Festnahme selbst zu befreien. Schon als 19-Jährige sei sie anno 1771 von zwei Soldaten, von welchen „einer Brändel geheißen, angehalten und auf Bynzwangen

---

57 Wiebel in Blauert/Schwerhoff, p.791.
58 Pflug, p.258-262.

bey Wertingen gebracht worden, von wo man sie nach Zusamalten führen wollen, weilen aber diese Soldaten zu Binzwangen geschlaffen, so habe sie Gelegenheit bekommen in der Früh zu entrinnen."[59] Neun Jahre später gelingt ihr bei der Überführung ins Zuchthaus Buchloe mit einem Sprung in die am Wegesrand stehende Spitalkirche die Flucht. Kirchenasyl, bittschön! Und der dortige Pfarrer habe ihr nicht nur „sogleich Freyheit gegeben und von dem Wächter die Brief und Pass abgefordert", sondern sie auch vom Spitalknecht in der Kutsche fortführen lassen.[60] Auch in Oberhausen schafft sie es anno 1782 scheinbar locker, zu entkommen, während ihr Mann noch Jahre im Arrest blieb. Aus sechs weiteren Verhaftungen (Riedlingen 1773, Weissenhorn 1778, Ottobeuren 1780, Ellwangen 1781, Bischofszell 1781, Rapperswil 1783) hatte man sie wohl aufgrund ihres geschickten Verhaltens im Verhör entlassen. Dasselbe erhoffte sie nun auch in Oberdischingen.

„Im Verhör bewies die Lis ein ausgezeichnetes Gedächtnis und eine hervorragende Ortskenntnis", stellt Eva Wiebel fest. „Die Lis hatte eine komplexe Landkarte im Kopf."[61] So erinnert die Gassnerin nach sieben Jahren noch den Ort eines Diebstahls in Memmingen, bei dem sie mit der Annamy „5 Ellen blaues Seidenzeug" erbeutete: „Kramladen am Marktplatz, wo das Wasser vorbeiläuft und man ein paar Stufen hinuntergehen muss":[62] Zu einem anderen Beutezug im Allgäu, bei dem die Lis nur Schmiere stehen musste, bemerkt Silja Kai Foshag: „Das Quartett versammelte sich also am 10. August in Wangen und machte sich von dort aus auf den Weg, den Elisabeth später vor Gericht noch so präzise beschreiben konnte, dass der ihr namentlich unbekannte Ort mühelos identifiziert werden konnte." Nämlich: „Sie seyen von Wangen durch ein Thal bey einer neuen großen Mühlin vorbeygeloffen, von dar aber weiters einen Berg hinaufgegangen, und wiederum in ein Thal gekommen, woselbsten auch eine wiewohl kleinere Mühlin stehe, von der etwa eine rechte AckersLänge seye eben das Häusle, in welchem sie den Diebstahl begangen. Nicht weit, etwa eine halbe Stund davon, wann sie sich bey der Nacht nicht gejrret, befünde sich ein Schloss und müssen die Leuthe in gedachtem Häusle nicht gar eine halbe Stund weit zur Kirche gehen." Erbeutet habe man dort „1 Buschl Schneller, 2 Stückl Tuch, etwas Geld, einen Boumasi-

59 Verhörprotokoll 1788 I 18, Foshag, p.483.
60 Verhör 18.Oktober 1787, Interpunktion leicht korrigiert (K.Y.R.; Original: Foshag, p.304 und 403).
61 Verhaftungsorte und Zitate: Wiebel in Blauert/Schwerthoff, p.778.
62 Foshag, p.305.

nen Schurz mit weiß und blauen Blumen, dann einen blau gefärbten Leinernen Schurz, ein schwarzes Wammes, einen blauen Weiberrock, sonst wisse sie nichts, doch können auch mehrere Stück dabeygewesen sein, die ihr nicht einfallen."[63] Von 18 Einzelposten, welche die bestohlene Witwe am Tag nach dem Überfall angab, erinnert die Gassnerin sechs Jahre später immerhin noch sieben. Diese präzise Erinnerung an Ort und Beute ist m.E. nicht erklärbar ohne anzunehmen, dass die Lis ein moralisches Bewusstsein hatte, welches ihr verbot, die Taten zu verdrängen, zu vergessen. Beim Einbruch des Quartetts war zudem das Opfer eine alte Witwe, mit der die Lis leicht sympathisieren, sich identifizieren konnte.

Die Mutter

Kehren wir zurück zu jener Unvorsichtigkeit der Lis, durch die sie in Neuhausen in die Falle ging.

Das Kind als Köder: Dass sie auf diese Weise sich im Netz verfing, gereicht ihr zumindest nicht zur Unehre. Was war sie für eine Mutter? Silja Kai Foshag macht ihr Urteil an Details der Verhörakten fest: „Weder lesen noch schreiben" konnte sie, war auch „in dem Geld- zällen nicht erfahren"; aber „die Tatsache, dass Elisabetha im Herbst 1785 ‚2 roth eingebundene Bücher für ihre Kinder' besorgte, ist zum einen ein eindeutiger Beleg für den erfolgreichen Unterrichtsbesuch." Zum anderen lässt der Buchkauf die Analphabetin „als eine aufgeschlossen und zukunftsorientiert denkende Mutter erscheinen, die den Nutzen von Bildung erkannte und die Bildungsbemühungen ihrer Kinder aktiv unterstützte." Zwar hatte sie lange unter „verbaler und physischer Gewalt" ihres Mannes gelitten, „zu denen noch Johannes' eheliche Untreue kam ... Mit Blick auf die unwiederbringliche Chance für die Zukunft ihrer Kinder, die in Biberberg die Schule besuchten und zu einem Leben ohne kriminellen Broterwerb erzogen wurden, sowie aus Rücksicht auf die inzwischen hochbetagte Mutter sah Elisabeth aber von einer Trennung und Rückkehr in die Nichtsesshaftigkeit ab."[64] Das Bild der fürsorglichen Mutter bekam jedoch seinen Riss mit ihrem Ausbruch aus dem Arrest, denn nun setzte sich Lis, „ihre nunmehr fünf Kinder im Alter von eineinhalb bis circa dreizehn Jahren in der Obhut ihrer Mutter zurücklassend, an den Bodensee ab". Aus dem Blickwinkel des Vaters: „Johannes Gassner fand sich unvermittelt der

---

63 Verhörprotokoll 2.Januar 1788; Foshag, p.471 f.
64 Foshag, p.107 f. und 277.

erschütternden Tatsache gegenüber, dass Elisabetha ‚von ihren Kindern geloffen und diese ganz verlassen' hatte."[65]

Durch seinen zornigen Verrat im Oberdischinger Verhör kam sie in Haft und wurden ihre Kinder Vollwaisen. Mit einiger psychologischer Berechtigung könnte man die Dischinger Haftzeit der Gassnerin von Ende September 1787 bis zur Hinrichtung am 16.Juli 1788 als neun Monate Nahtoderfahrung apostrophieren. Die fünf Phasen der Annäherung, welche die Schweizer Nahtodforscherin Elisabeth Kübler-Ross beschrieb, nämlich Leugnung, Zorn, Verhandeln, Depression und schließliche Zustimmung, sind sämtlich vorhanden, zwar (entschuldbar) nicht in ordentlicher Reihenfolge, jedoch mit vielfachem Bezug auf die, um die's ihr geht:die Kinder.

19.Oktober: In den Tagen nach dem plötzlichen Reutlinger Zusammentreffen mit ihrem Mann habe sie „demselben 1 Carolin welche Inquisitin an der Appothec eingewechselt gegeben, nebst 1 Sackuhr und 2 roth eingebundene Bücher für ihre Kinder."

23.Oktober: Vor neun Jahren, als „sie und der Hannes miteinander in Lauingen waren", habe sie „für ihre Buben hölzerne Wägelein und Bieren [Birnen], für sich aber Schurzbändel gekauffet."

31.Oktober, auf die Frage, ob sie irgendwo etwas deponiert habe: „Nein, wo es herkommen sollte, die Zeiten seyen nicht mehr, wie diese zuvor gewesen, sie wurde es auch um so weniger hinterhalten, als es ihren Kindern wenn sie ums Leben kommen sollte wohl kommen, sie bitte aber, dass man ihr dieses wenn es seyn könne in Ansehung ihrer Kinder schenken möchte."

5.Dezember (Nikolaustag): „Sie wolle follens sagen, was sie gethann habe, und Bethe nur, man möchte sie ihre Liebe Kinder und Besonders das kleine auch einmal sehen lassen."

2.Januar: „Seye sie im übrigen bereit, alle ihre Begangenschaften aufrichtig zu bekennen, welche sie allein bieshero wegen ihren Kindern verschwiegen habe, in der Hofnung dass man ihr das Leben schenken werde."

25.Januar: „Sie habe Bitten wollen, dass man sie in eine andere Gefängnis verlegen möchte, damit sie auch etwas tun und arbeiten könne. Sodann auch, dass sie ihr kleines Kind zu sich nehmen därffe."

28.März: Man werde sie ja nicht mehr plagen, jndeme sie genug bekannt habe, wenn sie ihr Leben verschuldet habe, so solle man es ihr nehmen, wenn sie aber den Tod nicht verdienet, so Bethe sie um eine gnädige Straf. Sie würde für sich nicht Bethen, sondern nur wegen

---

65 Foshag, p.187.

ihren Kindern, dass sie diese noch ein paar Jahr erziehen könnte. [...]
Wahr seye es zwar, dass sie wegen ihren Kindern lange Zeit mit der
Sprach nicht herausgegangen seye, anjezo aber thäte sie alles sagen,
es möge hinnach groß sein oder klein."
28.Februar: „Sie wisse nichts, sie ergebe sich in Gottes Willen, und
überlasse es der Obrigkeit, was diese mit ihr verfügen werde. Sie
Bethe nur ihre Arme Waisen und Kinder zu betrachten."

Exkurs über zwei Mütter Maria: Am 1. Mai 1770 eskortierte Graf
Schenk auf der Etappe von Ulm bis Obermarchtal den Brautzug der
österreichischen Prinzessin Maria Antonia (1755-1793), des fünf-
zehnten Kindes von Kaiserin Maria Theresia. Die Abschlussfeier
der Hochzeit auf der Pariser Place Louis Quinze (heute Place de la
Concorde) kostete 139 Menschenleben, weil nach einer Panik durch
explodierende Feuerwerkskörper viele in die ungesicherten Baugruben
neuer Prachtbauten stürzten. Damals ein 14-jähriges Mädchen, wurde
Maria anno 1774, nun 19 Jahre jung, an der Seite des sechzehnten
Ludwig Frankreichs neue Königin Marie Antoinette.

König Louis XVI. im Krönungsornat (1779) und Marie Antoinette, gemalt
1788 von ihrer Lieblingskünstlerin Élisabeth Vigée-Lebrun.

Während diese Marie durch ihren verschwenderischen Lebensstil sehr
wesentlich zum Hass auf das *ancien regime* der Feudalherrn beitrug,
wurde 500 Kilometer östlich die Maria Elisabetha am Mittwoch dem

16.Juli 1788 im gräflichen Privatgefängnis enthauptet. 1789 entlud sich in Frankreich lang aufgestauter Volkszorn in der gewaltsamen Befreiung des Gefängnisses La Bastille, dem Startsignal der Französischen Revolution. In geheimen Botschaften versuchte nun Marie Antoinette, die Feudalherrscher Europas zu einer bewaffneten Intervention zu bewegen, in der Hoffnung, die militärische Niederlage Frankreichs würde – zum Preis wahrscheinlich Tausender von Toten – ihre eigene Macht wiederherstellen.

Am 16. Oktober 1793, neun Monate nach ihrem Mann, wurde sie, die „Witwe Capet" und Mutter zweier Kinder, in Paris enthauptet. Ihr Leichnam wurde verscharrt, doch zwanzig Jahre später exhumiert und in der Basilika Saint-Denis an der Seite ihres Gatten und seiner königlichen Vorfahren beigesetzt.

Die verscharrten Überreste der Maria Elisabetha wurden weder exhumiert noch an der Seite ihres Gatten beigesetzt, aber wenigstens wurde ihr Leben, *comme une hommage pour Elise*, als Theaterstück wieder zum Laufen gebracht. Dieses Leben hatte sie beim letzten Verhör durch ein sehr mütterliches Mittel zu retten versucht, am 14.Mai: „Ja, sie Bethe, dass man es ausmache, sie überlasse alles Gott und der Obrigkeit, nur damit sie auch wieder ihre Kinder sehen möge. [...] „Ja, sie Bethe nur, dass man sie ihre Kinder noch einmal, und besonders das kleine sehen lassen möge, wobey sie nicht verhalten können sich wieder schwanger zubefinden, und schwangeren Leibs arrestiert worden, und eingekommen zu seyn: auch wirklich von einigen Tagen her das Lebende Kind unter ihrem Herzen zu spühren."[66] In diesem Herzen lebte noch die Hoffnung, in einem günstigen Moment, wie schon aus sieben anderen Kerkern, auch diesem nochmal zu entfliehen. Das fachliche Urteil der Hebammen war, nach neun Monaten Kerker, die Bestätigung des Schenkschen Todesurteils.

Die Jüdin
Wie könnte man bei der Marienverehrerin Elisabetha jüdische Ahnen erahnen? Der Vater ihres Vaters war Christ: Als Sohn des Taglöhners und Hirten der Gemeinde Otterzhofen heiratete Leonardus Ebner seine liebe Magdalena, geb. Dieß, in Jachenhausen nahe Otterzhofen im mittelfränkischen Altmühltal am 26.August 1698, zufällig einem Dienstag, dem traditionellen jüdischen Hochzeitstag,[67] und nur elf

---

66 Foshag, p.407, 408, 432, 456, 470, 488, 538 f., 498, 548 f.
67 Dies deshalb, weil es am dritten Schöpfungstag (Gen 1:10-12) zweimal heißt: „Und Gott sah, dass es gut war." Taufdaten: Foshag, p.39 f.

Wochen vor der Taufe des ersten Sohnes Martin am 12.11.1698. Der zweite Sohn, Elisabeths Vater Johannes Ebner, wurde am 3.3. 1701, beider Schwester Maria am 1.6.1703 getauft, und mit ihrem Taufeintrag endet die Jachenhausener Geschichte der Familie Ebner.

Die Mutter der Lis, namens Elisabetha Burgin oder Burkhin, ist in den Taufmatrikeln von Neunburg am Rand des Bayerischen Waldes als uneheliches Kind der Anna Burkhin aus Katzdorf erkennbar, getauft am 25.April des Jahres 1705. Einen Hinweis auf den Vater enthält die Taufmatrikel nicht.[68]

Als Tochter dieser beiden, die sich irgendwo gefunden hatten und nun schon 41 bzw. 37 Jahre alt waren, kam Elisabetha Ebner laut eigener Angabe 1742 zur Welt, wurde aber erst am 26.Dezember 1745 oder am 9. April 1747, also im Alter von drei bzw. fünf Jahren, in Wiblingen getauft. Denn das Wiblinger Taufbuch enthält diese zwei Einträge zur Taufe einer Ebner-Tochter namens Maria Elisabetha. Eine solche Distanz zwischen Geburt und Taufe wäre an sich schon mehr als verdächtig zu einer Zeit, als man glaubte, ohne Nottaufe müsse ein kurz nach der Geburt gestorbenes Kind eine Ewigkeit in der Vorhölle (Limbus) oder gar der Hölle verbringen.[69] Genau diese Furcht führte noch 1851 in Bologna dazu, dass der Säugling Edgardo Mortara während einer Kinderkrankheit vom christlichen Dienstmädchen der jüdischen Familie notgetauft, deshalb sechs Jahre später von der päpstlichen Polizei abgeholt und 21 Jahre später zum Priester geweiht wurde, ohne seine Eltern wiedergesehen zu haben. Silja Kai Foshag, die an anderer Stelle in verständlicher Unkenntnis katholischer Dogmatik auch vom „ewigen Fegefeuer" schreibt, erklärt sich die zeitliche Distanz zwischen der Taufe 1745 oder 1747 und dem zumindest zweifach belegten wesentlich früheren Geburtsdatum[70] der Elisabetha damit, es könne nur „vermutet werden, dass sie ihr tatsächliches Alter selbst nicht kannte". Was Mutter und Tochter Ebner aber sicher nicht präzise voraussagen konnten, waren Geburtstermine. Umso erstaunlicher ist, wie Frau Foshag erklären will, „dass die Eltern Ebner ihre Kinder wiederholt, wenn nicht gar ausschließlich in Wiblingen taufen ließen." Nämlich: „Immer wenn bei Frau Ebner der Geburtstermin näher rückte, machten sie und ihr Mann sich auf den Weg nach Wiblingen, wo

---

68 Foshag, p.40.
69 Erst 2007 reduzierte der Vatikan die Lehre vom Limbus zu einer „älteren theologischen Meinung".
70 Der Gauner Franz Keim gibt in einer 1782 gedruckten Diebsliste das Alter der Gassnerin mit 38 Jahren an (Blauert/Schwerhoff p.790), was ein Geburtsjahr 1744 ergäbe; 1742 wäre ihr Geburtsjahr entsprechend ihrem ersten Oberdischinger Verhör, bei dem sie sagte, sie sei 45 Jahre alt.

sie vermutlich Aufnahme fanden, bis die Geburt überstanden und die Familie wieder reisefähig war." Noch erstaunlicher wird diese Vermutung, wenn Frau Foshag später über die Wanderung der inzwischen wohl 42-jährigen Lis irgendwann zwischen Oktober 1785 und März 1786, nun mit dem Kind des Matheis Ruttmann unter ihrem Herzen, zum Geburtsort im Schwarzwälder Bleibach mitfühlend bemerkt, diese Reise sei „für eine zwischen dem fünften und neunten Monat Schwangere fraglos eine besondere Strapaze" gewesen.[71]

Erheblich plausibler und weniger strapaziös erklären sich die zwei Taufen der Maria Elisabetha dadurch, dass ihre Ebner-Eltern mit der Taufpflicht ähnlich unbekümmert umgingen wie spanische Krypto-Juden, die etwa auch wegen Nichtbeachtung der Sonntagsruhe inquiriert wurden. Das Rätsel der zwei Taufeinträge für Maria Elisabetha scheint mit dem Abt Meinradus Hamberger zu tun zu haben, der dem Kloster Wiblingen von 1730-1761 vorstand. Noch bei der Taufe ihres letzten ehelichen Kindes am 3.9.1779 gab die Gassnerin ihrem kleinen Meinrad den relativ ungewöhnlichen Vornamen des verehrten Abtes. Denn Meinrad Hambergers „fast verschwenderische Freigebigkeit" erstreckte sich auch auf den sozialen Bereich. „Die Überlieferung kennt ihn als ‚Vater der Armen‘", und dass sein Kloster Kinder von ortsfremden und darüber hinaus, nicht sesshaften Eltern zur Taufe annahm, kann „nicht als selbstverständlich angesehen werden".[72] Eingedenk der Taufgeschenke, mit denen die jüdische Braut des Malers Matthias Grünewald anno 1509 von hocherfreuten Frankfurter Christen überhäuft wurde; angesichts der 1809 gegründeten, „solide finanzierten und ehrgeizigen ... Londoner Gesellschaft zur Förderung des Christentums, die ... den meist armen Juden half, sich auf ein Leben als Christen vorzubereiten", und nicht zuletzt im Licht der Tatsache, dass der Berliner Zweig dieser Gesellschaft keinen Widerspruch anmeldete, „als der König jeden Konvertiten mit einem großzügigen Geldgeschenk bedachte",[73] löst sich die doppelte Taufe der kleinen Lis recht sättigend in zwei warmen Mittagessen auf, die eine bettelarme Familie aus Wiblingens Klosterküche als Taufgewinne mitnahm. Und wann ist das Essen im Kloster am besten – am Sonntag? Heute leicht zu googeln: zufällig fanden beide Taufen (Chance 1:49) an Sonntagen statt! So jüdisch diese Tauf-Chuzpe (einmal taufen gut, zweimal besser), so geläufig sind die Namen Ebner, Burg und Gassner unter Juden, und so zahlreich in den Shoah-Opferlisten der Gedenkstätte Yadvashem in

---

71 Foshag, p.37 (Wiblingen) bzw. 191 (Bleibach).
72 Foshag, p.37.
73 Hertz, p.240 f.

Jerusalem. In seinem Handbuch für jüdische Familienforschung „Finding Our Fathers", verzeichnet Dan Rottenberg alle drei genannten Namen, wobei er den amerikanischen Maler Mordi Gassner (1899-1995) und den in Czernowitz geborenen Zionisten Meir Ebner (1872-1955) erwähnt. Der Name Gassner mag sich bei jüdischen Trägern zwar auf die Judengass' beziehen, aber Chasner (333 Einträge) und Kasner (477) leiten sich eher vom Chasan (Vorsänger, 2006 Opfer) oder der auch musikalischen Khasene (Hochzeit) her. Die Namen Ebner, Abner und Avner sind in Yadvashem vielfach als Synonyme registriert, denn das erste Buch Samuel (14:50 und 20:25) nennt Avner (אבינר) als Cousin des Königs Saul. Der hebräische Konsonant ב kann sowohl als b wie auch als v ausgesprochen werden, und die Varianten Öfner, Öffner, Epner sind schon durch die hohe Zahl jüdischer Träger (445 Einträge in Yadvashem) als Derivate von Avner erkennbar. Jüdischer Herkunft war wohl auch der Käsehändler Xaveri Öffner, den Elisabeth 1778 in Lauingen bestahl.[74] Obwohl der Name Ebner laut verwandt.de etwa 10.106 Personen in Deutschland zu eigen ist, scheint er viel mehr mit jüdischer Herkunft – und christlicher Bekehrung – verbunden als mit der deutschen „Ebene", zumal der Name Ebener (etwa 792 Personen in Deutschland) in Yadvashem nicht existiert.

Der Name Burg, mit dem Elisabethas Mutter geboren wurde, findet sich 1014 mal in Yadvashem, und geschätzte 3984 mal im heutigen pluralen Deutschland. Der 1789 geborene Menno Burg konnte anno 1813, im Jahr nach dem Emanzipationsedikt, zwar schon preußischer Soldat werden und Geometrielehrer an der Artillerieschule, Beförderungen freilich scheiterten an seiner standhaften Weigerung, zu konvertieren. „Schließlich wurde Burg, als er 58 Jahre alt und noch immer Jude war, zum Major befördert."[75]

Vor diesem Emanzipationsedikt waren christlich-jüdische Mischehen legal nicht möglich. Die fließenden religiösen Grenzen im Vagantenmilieu verdeutlicht aber ein Jude namens Samuel Löw, der 1759 in Wildenburg gefangen und später hingerichtet wurde, durch seine Aussage über den Juden Jeßel Heppelborn: Dessen Frau, eine Christin, „gebe sich für eine Jüdin aus, seye aber keine solche, sondern nur des Jeßells Kebsweib."[76] Aber bleiben wir bei Samuels Nachnamen, in dem sich Stammvater Jakobs dritter Sohn Levi verbirgt. Tippt man in das Suchfenster der israelischen Gedenkstätte Yadvashem den Namen Löw, erscheinen auf dem Bildschirm 7.339 Namen von Opfern

---

74 Foshag, p.220 und 299.
75 Hertz, p.162.
76 Küther 1976, p.44.

der Shoah, mit Varianten von Loeb und Leib bis Leb und Lev. Da die hohe Präsenz der Juden im vagierenden Volk des 18.Jahrhunderts Folge derselben Ausgrenzung ist, die nach Auschwitz führte, ist es im Sinne sowohl historischer Deutung und Verortung (*yad* heißt Hand, Ort) wie auch Benennung (*shem* heißt Name) durchaus angebracht, die Namen der in Yadvashem verzeichneten Opfer als historischen Maßstab zu benutzen, als Lupe, um die Präsenz von Juden im Umkreis der Schwarzen Lis wahrzunehmen.

Beginnen wir mit der Bemerkung zwei Seiten vorher, die zweimal sonntägliche Taufe des doppelten Lis'chens erinnere an den Umgang iberischer Krypto-Juden mit christlichen Bräuchen. Tatsächlich könnte Leonhard Ebner durchaus ein Nachkomme spanischer Zwangsgetaufter gewesen sein, denn der Name Abner war auch unter iberischen Juden häufig, wofür der konvertierte Arzt Abner de Burgos (~1270-1348) nur ein Beispiel ist. Wem ein Señor Leonardo als Sohn des Hirten der Bayerwaldgemeinde Otterzhofen zu spanisch vorkommt, bedenke den Fall des schwäbischen Biobauern und Biobäckers mit dem zu Bio so gut passenden wie in Schwaben seltsamen Nachnamen Vidal, der vor ein paar Jahren aus Überzeugung konvertierte, nämlich von der katholischen zur aufbruchsfreudigeren protestantischen Kirche. In seinem Hofladen hat Klaus Vidal einen Stammbaum hängen, der nach Italien weist, und tatsächlich könnten seine schwarzhaarige Schwester und seine schwarzhaarige erste Tochter locker als Italienerinnen durchgehen. Freilich ist der Name Vidal nicht italienisch, sondern portugiesisch und so typisch jüdisch, dass der portugiesische Dramatiker Gil Vicente anno 1523 den Juden in seiner *Farsa de Inês Pereira* just Vidal nennt.[77] Mein Freund Klaus stimmt mir darin zu, dass er ein protestantischer Christ mit wohl jüdischen Vorfahren ist. In meinem Stück spielte er 1988 gegen die Schwarze Lis den Grafen Schenk, mit grauer Perücke über seinen schwarzen Haaren.

Die 64 Nazi-Opfer namens Vidal lebten vor allem in Griechenland und Rumänien. Denn nach den Vertreibungsedikten (Spanien 1492, Portugal 1497) flohen viele sephardische Juden und Marranos nach Italien oder in die damals osmanischen Balkanländer, und womöglich deshalb stammt die zweitgrößte Anzahl von Shoah-Opfer des Namens Ebner (nach Polen) aus Rumänien. Dies, obwohl später während der verheerenden Chmielnitzky-Pogrome von 1648-1656 so viele überlebende „Ostjuden" aus dem Königreich Polen-Litauen vor allem nach Westen flohen, dass das europäische Judentum (in den Worten des

---

77 Gitlitz, p.102.

Historikers Heinrich Graetz) „sozusagen polonisiert" wurde.[78]
Doch egal woher sie kamen, die Eltern von Johannes Ebner und Elisabetha Burgin waren offiziell Christen. Wenn ich bei beiden jüdische Herkunft vermute, ist das Warum der Konversion zu klären. Falls sie vor der Inquisition flohen, erübrigt sich die Antwort. Die Arbeit von Deborah Hertz an ihrem Buch „Wie Juden Deutsche wurden" begann jedoch damit, dass sie in einem evangelischen Kirchenarchiv in Berlin 60 schwarze Ordner mit Karteikarten entdeckte. „Darauf waren Name, Geburtsdatum und die örtliche Pfarrei jedes in eine protestantische Familie hinein geborenen und getauften Säuglings verzeichnet, und zwar zurückgehend bis ins Jahr 1645. Die Karteikarten lieferten dem NS-Regime die Grundlage für die sogenannte ‚Judenkartei' – die Voraussetzung dafür, die Ausgrenzung, Verfolgung und Ermordung der deutschen Juden planen und durchführen zu können. Denn nach der Machtübernahme der Nazis wusste niemand, wie viele Deutsche jüdischer Herkunft es gab. Akribisch vermerkte die ‚Fremdstämmigenkartei', so die offizielle Bezeichnung der Nationalsozialisten, wer als Jude zum protestantischen Glauben übergetreten war. Neben den rund 500.000 Mitgliedern der jüdischen Gemeinden lebten im Deutschen Reich, wie sich herausstellte, fast ebenso viele Christen jüdischer Herkunft."[79]
Hertz umschreibt den Zeitraum von 1645 bis 1770 als „Die Epoche religiöser Konversion" und kommt zum Befund, „dass es bis zum 18. Jahrhundert im Wesentlichen die jüdischen Unterschichten waren, die den Schritt zur Konversion machten und dabei von Missionswerken (in Halle/Saale und Hamburg) materiell unterstützt wurden. Die Motive dieser Täuflinge waren häufig keineswegs ideeller Art."[80]
Das waren sie auch vor diesem Zeitraum nicht. „Während der mittelalterlichen Jahrhunderte waren es normalerweise die Juden in der ausweglosesten Lage gewesen, denen die Rabbiner mit dem Ausschluss aus der Gemeinde drohten und die es deshalb vorzogen zu konvertieren. Angeklagte Straftäter zum Beispiel wählten die Konversion." Doch seit Mitte des 17.Jahrhunderts „konnten jene Juden, die ihr Lebensschicksal dazu verleitete, beträchtliche praktische Hilfe von den Missionaren bekommen." Hertz meint hier die pietistischen Missionare wie den Hamburger Pastor Esdras Edzard, in dessen Proselyten-

---

78 Graetz, Geschichte der Juden, Bd.10, p.76 (nach Poliakov, Bd. I, p.260).
79 Otto Langels, deutschlandfunk.de/erklaerungen-fuer-den-abschied-vom-judentum, 11.01.2010.
80 Robert Jütte, Universität Potsdam, in seiner Rezension (2011) des Buches von Deborah Hertz, Wie Juden Deutsche wurden.

anstalt zwischen 1667 und seinem Tod im Jahr 1708 wohl insgesamt 148 Juden getauft wurden. Johann Georg, ein Missionar, der in den Dreißigerjahren des 18.Jahrhunderts in Deutschland wirkte, schlug vor, alle bekehrten Juden in einer Versammlung zusammenzubringen: „Es wäre eine riesige Zusammenkunft. Dann würde jedermann ihre Armut sehen und sagen: ,Ich bin erstaunt, dass ein einziger Jude sich entschieden hat, Christ zu werden." Für die pietistischen Missionare symbolisierten die hausierenden Juden „eine einzigartige Kombination all jener Formen der Marginalität' die sie „zu erlösen und zu integrieren suchten."[81] In den Vierzigerjahren des 18.Jahrhunderts, als die Eltern Ebner mit der kleinen Lis wohl zweimal zum Taufen nach Wiblingen liefen, berichteten zwei Missionare, dass sie selbst „bewusst in ihren schlechtesten Kleidern reisten, weil ihre Arbeit es verlange; die meisten Juden seien arm und schreckten vor einem ansehnlich gekleideten Mann zurück."[82] Deborah Hertz resümiert: „Obwohl unsere Zahlen fehlerhaft sind, bezweifelt heute wie damals niemand, dass die meisten Konvertiten über weite Strecken des 18.Jahrhunderts arm waren, bevor sie Christen wurden, und es danach auch blieben."[83] Zum Beispiel hatte die 1715 abgeurteilte Diebsbande des Lips Tullian „anscheinend 5, teils getaufte, teils ungetaufte Juden". Besser ging es Solomon Moses aus Gunzenhausen, der in Fürth als Knecht von Gabriel Frankel diente und dessen harsche Art nicht mehr aushielt. Freunde rieten ihm zur Taufe, die er 1710 in Nürnberg annahm. Nun lernte er ein Handwerk, blieb am Ort wohnen und starb „alt und zufrieden".[84]

In einer „breiten, in sich gegliederten jüdischen Unterschicht" des 18.Jahrhunderts erkennt Barbara Gerber „mindestens zwei" Gruppen, nämlich erstens die „sesshaften, häufig in ärmlichen Verhältnissen vom sogenannten Schacher- oder Nothandel lebenden Juden vor allem in Dörfern und Kleinstädten" und zweitens das „vagierende Heer der Entwurzelten, der Landstreicher und Bettler". Die Eheleute Gassner wollten offenbar in die erste Gruppe aufsteigen, was ihnen nur kurz gelang, denn „als Vermögenslose konnten die Nichtsesshaften die *Stättigkeit* – die Niederlassungs- und Erwerbsgenehmigung – nicht erlangen und deshalb nirgends Fuß fassen ... Ein Zeichen wachsender

---

81 Alle drei Zitate dieses Abschnitts aus Hertz, p.54-57; das letzte zit. aus Christopher Clark, The Politics of Conversion. Missionary Protestantism and the Jews in Prussia, 1728-1941. Oxford 1995, p.46, 47; und Kapitel 2, passim.
82 Hertz (p.60) zitiert hier Alexander Altmann (Hg), Moses Mendelssohn: Gesammelte Schriften, Stuttgart 1971, Bd.II, Brief 179, p.296.
83 Hertz, p.61.
84 Lips Tullian: Gerber, p.351; Solomon Moses: Carlebach, p.127.

Verelendung war es, dass der Bettel, freilich nicht nur der jüdische, im 18.Jahrhundert mehr und mehr die Form einer ‚Landplage' annahm. Juden, die geregeltem Erwerb nachgingen, aber es innerhalb der ihnen gesteckten Rahmenbedingungen – zu denken ist beispielsweise an das Verbot, offene Läden zu halten – nur zum kleinen ‚Schacherhändler' bringen konnten, fielen in der allgemeinen Einschätzung gleichfalls unter die Marginalexistenzen. Ihnen wurde in der Regel jede Nützlichkeit abgesprochen. Zudem bestand zwischen den Hausierern, Trödlern, Mäklern einerseits, den Bettlern und Landstreichern am Rande der Legalität andererseits in der sozialen Wirklichkeit ein Kontinuum."[85]

Beispiele dieses Kontinuums auf der illegalen Seite sind die vier Frauen, die Silja Kai Foshag als „große Räuberinnen"[86] ihrer Zeit nennt:

Reinhardt	244	Barbara Reinhardtin, vulgo Schleifferbärbel
Frommer	1.273	Elisabetha Frommerin, vulgo Alte Lisel
Waldner	365	Barbara Waldnerin
Jucker	261	Maria Josepha Juckerin, vulgo Hennenflügels Sephe

Die zweite Spalte benennt hier die Zahl der Opfer dieses Namens in der *Shoah Names Database* von Yadvashem, ebenso bei den folgenden Namen aus dem Umfeld der Lis, beginnend nicht ohne Grund bei ihrem länger lebendigen (1759-1805) und noch berühmteren Zeitgenossen, der schon 1772 sein Stück „Die Christen" schrieb und zehn Jahre später mit „Die Räuber" das Feudalsystem heftig kritisierte, wobei er das Mannheimer Theater fast in ein Irrenhaus verwandelte. „Schul" bedeutet im Jiddischen auch Synagoge, weshalb der Name Altschiller (von Alte Synagoge) in Yadvashem gar 2.010 mal registriert ist.

Schiller	1.709	Friedrich, Poet der Sturm-und-Drang-Epoche
Burg	1.014	(Elisabetha Burgin/Burkhin, Mutter der Lis)
Ebner u.ä.	791	(Abner, Avner, Epner, Ofner, Ufner ...)
Ruttmann	861	(Matheis Ruttmann, Lis' zweiter „Ehemann")
Zundel/Sindel	225	Anna Mary Zundel, Begleiterin der Gassnerin.

Der Nachname der Anna Mary Zundel, mit der die Lis in Tirol herumzog, erinnert mich übrigens an den Ausspruch eines Klassenkame-

---

85 Gerber, p.62 (Kursiv bei Stättigkeit: K.Y.R).
86 Foshag, p.16 f.

raden über einen Ulmer Modellbauhändler, bei dem ich (wie er) viel einkaufte: „Der Sindel, des isch a Jud."

Der urdeutsche Nachname der Marianne Müller – der Näselnden Marian, die Lis schon im Alter von sieben Jahren kennenlernte und vielfach begleitete – wäre dem Friedrich Schiller wohl kaum geeignet erschienen, um Jüdisches in seiner Räuberbande anzudeuten; dafür taugten Namen wie Razmann, Roller, Schwarz und Spiegelberg (191; 154; 51.161 bzw. 23 Opfer) viel besser. Aber sowohl der Brot backende Beck (4.630; Becker 5.614; Bekerman 1.919) als auch der Mehl mahlende Milner (1.476) waren Berufe, in denen Juden und Christen jüdischer Herkunft (wie wohl die Ruttmanns) oft ihr Brot verdienten. Zudem wählten Juden (womöglich auch der „Schwarze Müller", über den die Lis am 24.Oktober befragt wird) den Namen Mueller, weil er den hebräischen Samuel (Shmuel, Shmulik) anklingen lässt.

Die Liste des Dischinger Henkers Xaveri Vollmer, der von 1787-1791 amtierte, enthält ausschließlich Namen, die jüdische Herkunft vermuten lassen:

Lehner	536	Josef Lehner, geköpft am 7.März 1787
Müller	4.794	Marianne Müllerin, geköpft 1787
Heim	1.983	Josef Heim, geköpft am 7.März 1787 Fr. Antoni Heim („Schwarzer Toni"), hingerichtet ebenfalls 1787
Fink	1.765	Dionisse Fink v. Neuburg, geköpft 1787 Josef Fink v. Neuburg, Bäcker, geköpft 1788
Gassner	354	Johann Gassner und Elisabetha Gassnerin, gehängt/geköpft 1788
Eisenmann	1.431	Victoria Eisenmännin, vulgo „Schöne Victor", 1788 vom Tod durch das Schwert begnadigt
Buchmann	1.523	(Mädchenname der obigen Victoria Eisenmännin, die aus Biberach bei Roggenburg stammte, 4 km südlich Biberberg)
Klier	207	Alowise Klier („Bayer Seppl"), geköpft 1790
Leman	2.283	Katharine Lemanin oder Nürnbergerin, hingerichtet 1790
Merz	218	Marianne Merzin und Antoni Merz, beide von *Hitesheim* (Hüttisheim), hingerichtet 1790
Hornstein	2.045	F. Josef Hornstein, gehenkt 1791
Mahler	3.146	Antony Mahler, 1791.

Kein Indiz für Jüdischkeit der Gassners ist es, wenn die Lis angibt, sie habe die Kontaktaufnahme mit Hehlern generell dem Johannes überlassen, „massen der Johannes schon seine Leuth, und Juden an sich gehabt".[87] Denn „jüdische Hehler und Hehlernetze sind u.a. für das Umland von Memmingen bezeugt, mit dem Johannes Gassner von wiederholten Aufenthalten her sicher bestens vertraut war. Auch die Frankfurter Judengasse ... fungierte für Diebe, die das in der Stadt Gestohlene schnell wieder veräußern wollten, als wichtiger Umschlagplatz", und „grundsätzlich war die Hehlerei durch Juden ein im 18. Jahrhundert überall anzutreffendes Phänomen."[88]

Denn schon lange bevor sie deutsche Familiennamen anzunehmen genötigt wurden (1787 in den Habsburgischen Erbländern, 1813 bzw. 1828 in Bayern und Württemberg), hatten sich Juden vielfach in der Nische eingerichtet, die ihnen weder in der islamischen, indischen oder chinesischen Kultur, jedoch im christlichen Abendland als Erben von Judas' 30 Silberlingen zugeteilt wurde. Zünfte, Dörfer, Lehensherren wollten Juden weder als Handwerker und Bauern noch als Soldaten und Beamte – aber als Geld- und Warenhändler waren sie gut brauch- und bei Bedarf vertreibbar. Schon im Mittelalter gab man genau ihnen das Hehlerprivileg, „das den Betreffenden ermächtigte, für Diebesgut, das er auf dem Markt gekauft hatte, vom rechtmäßigen Besitzer den halben oder gar den vollen Preis zu verlangen." Diese Tradition hielt sich bis nach der Französischen Revolution, denn „noch im 19.Jahrhundert wurden meistenteils Juden als Hehler angegeben".[89]

Die starke Präsenz „des Juden" im Hehler-, Räuber- und Gaunermilieu leitet Carsten Küther sozialhistorisch so her: „Die berufliche Einschränkung auf den Handel ließ die Klischeevorstellung vom Schacher- und Wucherjuden entstehen. Seine missachtete soziale Stellung bewirkte eine jüdische Solidarität, die über die eigentlichen religiösen Belange hinausreichte und offenbar in ein gewisses ‚antisoziales Selbstverständnis' mündete. Das geschah nicht etwa aus einer antisozialen Grundhaltung heraus ... sondern weil diese Gesellschaft sich als eine ‚christliche' verstand. Die ‚antisoziale' Einstellung des Juden ergab sich so aus einer ‚antichristlichen'. Wohl mochten die jüdischen Gauner und Vaganten zu einem gewissen Grade Ausgestoßene der jüdischen Gemeinschaft sein. Doch deuten verschiedene Momente auf eine geschlossene gesellschaftliche Einstellung der Juden in tendenziell gegengesetzlicher Ausformung hin: jüdische Hehlerei, jüdische

87 Verhör 6.März 1788; Foshag, p.517.
88 Foshag, p.228 f.
89 Küther (1976, p.27) beruft sich hier auf Radbruch, p.143 f. und 285 und Wadle, E., Hehlerprivileg, in: HRG, 1972, leider ohne genauere Angaben.

Diebswirte, die den eher überregionalen Aktionsradius jüdischer Banditen eigentlich erst ermöglichten" und nicht zuletzt Banditen, die, so Küther, „schon immer größere Mobilität beweisen konnten, da sie durchweg bei Glaubensgenossen Unterschlupf fanden."[90]

Mit zwei jiddischen Wörtern gesagt, führt Küther den grenzüberschreitenden Aktionsradius jüdischer Räuberbanden auf das Faktum zurück, dass ihnen genügend „kochemer Beyes" als Stützpunkte zur Verfügung standen. Der rotwelsche Begriff entspringt den hebräischen Wörtern „chacham" (klug, gelehrt, instruiert) und dem beit (Haus), das auch dem Ort der Herbergssuche *BeitLehem* (Haus des Brotes) zugrunde liegt. Siebzehn Jahrhunderte später wurden auch die zwielichtigeren Herbergen der *Kochemer* vielfach von Juden geführt.

„War der Reutenhof eine ‚Kochemer Baies'?" fragt sich Frau Foshag,[91] denn dieser Reutenhof war eine der „Anlaufstellen" für die Elisabetha Ebnerin und ihre Mutter Elisabetha, geb. Burkhin, zu der Zeit als beide sich, nachdem die Tochter wohl schon vor dem 20. Lebensjahr ihren Vater verloren hatte, „mit einer gewissen räumlichen Stabilität" zwischen 1767 und 1770 ohne festes Heim im Umkreis von Dillingen an der Donau bewegten. Auf dem Reutenhof erlebte die Lis auch ihre erste Verhaftung, aus der sie sich jedoch befreien konnte, als die beiden Soldaten bei der Rast in Binswangen eine Runde schliefen.[92] Auf dem kurzen, aber wohl ermüdenden Weg war man wohl am Binswanger Judenfriedhof vorbeigekommen, der nur 1800 Meter vom Reutenhof entfernt liegt und und neun Kilometer westlich des kleinen Weilers Hirschbach bei Wertingen, den die Gassnerin als Geburtsort angab. Die Binswanger Juden (Yadvashem nennt 26 Nazi-Opfer des Namens Binswanger) siedelten östlich des Dorfkerns an der Straße nach Wertingen und hatten dort anno 1633, mit Tributpflicht und Erlaubnis der Herren von Pappenheim, den Friedhof angelegt. Dreimal, nämlich 1694, 1730 und 1761 wurde der Friedhof erweitert, im letztgenannten Jahr auch mit einer Mauer umbaut, da Zerstörungen von Gräbern vorgekommen waren.[93] Dies nur als Indiz für Animosität und Bekehrungsdruck, egal ob es für die Lis bedeutsam war.

Eine kochemer Beys (das Wort Boiz bezeichnet im Schwäbischen noch heute eine verrufene Kneipe) hat wie gesagt mit klug und ein-

---

90 Küther, p.26, 41 und 60f., mit Verweis auf: Glanz, Rudolf: Geschichte des niederen jüdischen Volkes in Deutschland. Eine Studie über historisches Gaunertum, Bettelwesen und Vagantentum. New York 1968, p.60 f.
91 Foshag, p.47.
92 Foshag, p.47-50.
93 Jüdischer Friedhof Binswangen; Wikipedia und alemannia-judaica.de.

geweiht zu tun, und klug mag es für Lis und Matheis gewesen sein, im Haus des Reutlinger Weißbecks mit dem seltsam interreligiösen Namen Johann Salomon Eisenlohr in der Reutlinger „untern Vorstatt, unweit des armen haus" einzukehren, der „bereits seit vielen Jahren eine Konstante von Matheis und Elisabetha war". Die Lis kam beim „Fuchs Würth" von Lauingen unter und fand nach ihrer Oberhauser Flucht in Ichenhausen, wo schon 1717 etwa 600 Juden lebten,[94] „bey dem alldasigen Beeren Wirth ein paar Täg" Unterschlupf. Sie gab ihr Kind beim „fuchsen schneider" von Katholisch-Neuhausen in Pflege,[95] und der Name Fuchs (16.503 Opfereinträge in Yadvashem) ist unter Juden ähnlich häufig wie die Namen Hirsch (12.139) und Adler (15.450), Wolf (16.102) und Bär (30.606).

Auch ein weiteres Indiz für Jüdischkeit entgeht Frau Dr. Foshag – die jede Spur dergleichen bei den Gassners ablehnt – obwohl sie durch das folgende Zitat von Uwe Danker schon fast in Griffweite herankommt: „Im Unterschied zum ... starren Institut der Ehe in der wittischen Gesellschaft erachten Kochemer ihre intimen Beziehungen als auflösbar, also endlich. Und das ist ja durchaus ein Aspekt von Freiheit."[96] Dass die verheiratete Gassnerin mit dem Matheis, im Gegensatz zu christlicher Morallehre, ungeschieden doch sehr entschieden eine neue, zwar auf dem Papier gefälschte, im Leben aber durchaus eheliche Beziehung beginnen konnte, entspricht präzise dieser „kochemen" Auflöslichkeit der Ehe, die in der jüdischen Moral seit Jahrtausenden gilt.

Ihr katholisch angetrauter Ehemann nahm das „bis der Tod euch scheidet" womöglich ernster als seine Pflicht zu ehelicher Treue, doch zweifellos war auch er Christ: Schon als Siebenjähriger hatte er am 19.September 1747 die heilige Kommunion empfangen; als alleinstehender Soldat hatte Johannes verfügt, dass er sein Erspartes „vor sich und seine Mutter seel., falls er im ledigen Stand versterben würde, zu einem Ewigen Jahrtag applicieren wolle".[97] Das jährliche Gedenken an Verstorbene ist freilich nicht nur ein christlicher, sondern als *yarzeit* mit viel mehr Betonung auch ein jüdischer Brauch: „Bis vor kurzer Zeit", schreibt der orthodoxe Rabbi Yonassan Gershom, haben die Juden Geburtstage nicht begangen, sondern statt dessen die *Jahrzeit*, den Tag des Erinnerns, der von den jüdischen Mystikern als ein Hineingeborenwerden in die nächste Welt betrachtet wird [...] Raphael Patai

94 Haus der Bayerischen Geschichte (Hg): Juden auf dem Lande, p.55.
95 Foshag, p.189 (Eisenlohr), 409 (Fuchs Würth), 133 (Beeren Wirth), 196 (fuchsen schneider).
96 Foshag, p.151.
97 Foshag, p.242.

sammelte und übersetzte in seinem Buch *The Messiah Texts* Hunderte jüdischer Hinweise auf den Messias und die kommende Welt."[98]
Die jetzige Welt konnte hart sein in diesem 18.Jahrhundert, das den Beinamen „Jahrhundert der Bettler und Gauner" insofern verdient, als nach vorsichtiger Schätzung damals zehn Prozent der deutschen Bevölkerung das Leben von Vaganten führten.[99] „Diese Vagantenbevölkerung, der im ausgehenden *Ancien Regime* fahrende Leute, Bettler, Dirnen, Spielleute oder Scherenschleifer, teilweise aber auch Juden und Zigeuner angehörten, waren, wie Küther es treffend formulierte, ‚schonungslos einem ewigen Wanderleben auf der Straße preisgegeben'."[100] Ihre lingua franca war das Rotwelsche, ein schillernder Insider-Jargon, in dem das Wort „rot" den Bettler meint. Die Hauptquellen dieser Sprache sind das Jiddische und (ab dem 15. Jahrhundert) das Zigeunerische. Schon das Wort „Schmiere stehen" (von *shamor*, dem Wächter) ist hebräischen Ursprungs wie die Redensart „wo der Bartel den Most holt" (*barsal*, Eisen und *ma'ot*, Geld: wo das Brecheisen Geld holt) und das „Baldowern" (auskundschaften; von *baal*, Mann und *d'var*, Sache oder sprechen).
So fremdartig der Wortschatz, so verständlich ist der Anteil von mindestens 30 Prozent hebräischer Wörter im Rotwelschen, denn: „Jacob Toury schätzt den Anteil der Randständigen unter den Juden vor der bürgerlichen Einordnung (um 1780) auf sechzig bis fünfundsiebzig Prozent."[101] Ist das „Rotwelsche", ein sprachliches Dokument der Vermischung von vornehmlich Juden, Sinti und Roma, so gilt dies auch für viele Familiennamen, die Juden wie „Zigeunern" eignen, etwa Adler und Lehmann, Limberger und Bamberger, Weiss und Feller, Winterstein und Reinhardt – sämtliche acht bekannt als Interpreten der Lieder meines Stückes und allesamt als Musiker, die sich auf Sinti und Roma zurückführen. Raul Hilberg notiert nach der Shoah: „In der Vergangenheit waren die Zigeuner sowohl in der Volksmeinung als auch in wissenschaftlichen Untersuchungen stets den Juden zugerechnet worden. Ein deutscher Schriftsteller des 17.Jahrhunderts, Johann Christof Wagenseil, verfaßte eine Schrift, mit der er beweisen wollte, daß ‚die allerersten Ziegeiner ... aus Teutschland gebürtige Juden ge-

---

98 Gershom 1997, p.80.
99 „Jahrhundert der ...": Wiebel in Blauert/Schwerhoff, p.761 f. Wiebel schätzt hier „bis zu einem Zehntel der Bevölkerung", während nach Küther (1983, p.26 f.) der Anteil der Vagierenden von 8% „bis zum Ende des Jahrhunderts langsam auf etwa 10% anstieg", jedoch in den kleinen Staaten Frankens und Schwabens „vermutlich um 2% bis 3% höher lag".
100 Fleck, p.191; Kursivdruck *ancien regime* (franz. Absolutismus): K.Y.R.
101 Gerber, p.60-63.

wesen." Die Nazis waren sich über die Ursprünge der Zigeuner nicht so sicher; allerdings glaubten auch sie, daß es eine rassische Verwandtschaft zu den Juden gebe."[102] Im 1793 anonym veröffentlichten, meist dem Ludwigsburger Zuchthauspfarrer und Waisenhausdirektor Johann Ulrich Schöll zugeschriebenen *Abriß des Jauner- und Bettelwesens in Schwaben* sieht der Autor die „arbeitsame und erwerbende Classe" der staatlichen Ordnung bedroht durch „ein stehendes Heer von vielen tausenden" von „Jaunern", nämlich „herumstreichenden Dieben", Räubern „von Profession" sowie vagierenden gewerbsmäßigen Bettlern, die sich in ihrer „rothwelschen" Gruppensprache als eigene Gruppe benennen: als „Jenische, d. i. Leute, die nirgends keine Niederlassung haben". Ihre Entstehung führt er auf die Entwurzelung und erzwungene „Landstreicherey" großer Teile der Bevölkerung, darunter brotlos gewordener Soldaten in der Folge des Dreißigjährigen Krieges zurück. Bezüglich ihrer Herkunft differenziert er die „Jauner" als zu zwei Dritteln eingeborene Schwaben, während das übrige Drittel hauptsächlich aus Bayern, Schweizern, Franken und Elsässern bestehe und auch eine inzwischen bereits abnehmende Zahl von Juden dazugehöre, mit einem hohen Anteil an ehemaligen Soldaten und Soldatenkindern.[103]

Die andere Welt

Die Soldatentochter, -schwester, -ehefrau Lis sah den Tod neun Monate täglich näherkommen. Ein Phänomen, das man heute als NDE (*Near Death Experience*, Nahtoderlebnis) bezeichnet, ist schon im Buch Zohar beschrieben, das in Simon Dubnows Sicht palästinensisch-babylonische Mystiker mit deutschen Kabbalisten des 13.Jahrhunderts vereint, wohl in Spanien Ende des 13.Jahrhunderts zusammengestellt wurde und jedenfalls nach der Vertreibung aus Spanien und Portugal (1492/1497) große Bedeutung vor allem im osteuropäischen Judentum erlangte: „Wenn Gott den Geist einer Person zurückzunehmen wünscht, ziehen als Rückschau alle Tage ihres Lebens in dieser Welt an ihr vorüber", zitiert Gershom Sholem, dessen Bruder, bis 1933 für die KPD im Reichstag, 1940 in Buchenwald starb.[104] Aber was kommt

---

102 Hilberg 1982, p.677 f.; hier auch das Zitat aus: Wagenseil, J.C.: Der Meistersinger Holdseligen Kunst, 1697, Einleitung.
103 Abriß des Jauner- und Bettelwesens in Schwaben nach Akten und andern sichern Quellen von dem Verfasser des Konstanzer Hans. Stuttgart 1793, zitiert nach Wikipedia-Artikel „Jenische".
104 Gershom 1999, p.174; Dubnow: Müller, p.312.

nach dem Sterben? Schon um 400 n.C. spricht der Talmud (Berakhot 64a) von Kontinuität: „Die Gerechten haben keinen Frieden, nicht in *dieser* und nicht in der *kommenden Welt,* denn es steht geschrieben, ‚Sie steigen von Stärke zu Stärke' (Psalm 84)." Auch Maimonides (~1135-1204) sprach von dieser *kommenden Welt,* und wenig später spricht das Zohar präziser von drei Welten: „Die erste, welche genannt ist die Welt der Scheidung, der Mensch findet sich in ihr ... Die zweite Welt ist jene, welche mit der obersten verbunden ist, es ist der Garten Eden, verbunden mit einer anderen oberen Welt, die von ihr aus erkannt wird."[105]

Noch 1985 hörte Amílcar Paulo bei portugiesischen Krypto-Juden einen Segen zum Händewaschen, der die andere Welt (hebräisch *olam ha-ba,* wörtlich „Welt die kommt") so anspricht: *„Dai-me neste mundo paz, e no outro salvação"* – „Gib mir Frieden in dieser Welt, und Erlösung, Rettung, Vergebung in der anderen."[106]

Mehr wollte, das Ende ihres Diesseits voraussehend, die Dona Elisabetha auch nicht. Im Verhör am 26.Oktober 1787 hält Oberamtmann Röm ihr vor, dass ihrer Behauptung, sie sei am Tag eines beobachteten Diebstahls gar nicht am Tatort Laupheim gewesen, die Aussagen zweier Bauern widersprächen, die „Beede darüber einen Körperlichen Eyd abgeschworen." Und die Gassnerin antwortet: „Diese werden es schon *in der andern Welt* verantworten müssen." Sie selbst, beteuert sie am 12.November, getraue sich nicht mit Unwahrheiten umzugehen, da sie fürchte, „Gott möchte sie auch *in der andern Welt,* nicht nur in dieser strafen". Am 11.März 1788 geht es darum, ob sie zusammen mit der Näslenden Marian in Tirol etwas gestohlen habe, und sie wehrt sich heftig: „Wenn sie die Näsl. Marian in Tyroll nur mit einem Auge gesehen, so solle sie Gott auf der Stelle erblinden, und ihr in *jener Welt* keine Gnad widerfahren lassen." Und sollte die Marian fälschlich behauptet haben, sie sei mit ihr in Innsbruck gewese, „so därfe diese Marian in der *andern Welt* den Lohn nicht teilen."

Zwar gebraucht sie in neun Verhörmonaten einmal auch die dem Amtmann sehr geläufige christliche Redeweise von „in die Ewigkeit mitnehmen" und sagt ein andermal, sie habe Grund, „Buss zu thun, und ihr Seel aus des Teufels Händen zu reissen".[107] Doch die Benennung des nachtodlichen Bereichs als „andere Welt" ist ein umso stärkeres Indiz für jüdisch-weltanschauliche Prägung, als sich die katholische Religionslehre ihrer Zeit sehr gehütet hätte, derart vom nachtodlichen

---

105 Müller, p.169.
106 Gitlitz, p.452.
107 Verhöre am 11.3., 27.11., 11.3. (Röm); 5.3. und 14.3.1788 (Lis).

Dreifach-Schema Himmel-Hölle-Fegefeuer abzuweichen, diesem damals noch sehr brauchbaren Werkzeug zur Beherrschung des einfachen Volkes durch die von Gottes Gnaden höheren und etwas besser lebenden Stände von Adel und Klerus.

„Sohn, denke daran, dass du dein Gutes in deinem Leben empfangen hast, Lazarus ebenso das Schlechte. Jetzt dagegen wird er hier getröstet, du aber wirst gepeinigt. Und außerdem besteht zwischen uns und euch eine tiefe Kluft, damit die, welche von hier zu euch hinüber wollen, es nicht können, und ebensowenig können die von drüben zu uns herüberkommen" (Lk 16:19-26). Die Entscheidung ist gefallen, aufgrund von jenen guten Werken, welche die Adligen vom Schlag eines Karl Eugen so hingebungsvoll praktizierten und die Jesus aufzählt: Ich war hungrig, und ihr habt mich gespeist, mich als Durstigen getränkt, als Fremden aufgenommen, als Nackten bekleidet, als Kranken besucht und schließlich war ich „im Gefängnis gewesen, und ihr seid zu mir gekommen." Für die Bösen aber, die nicht halfen und nicht kamen, kommt's jetzt ganz dick und ewig: ‚Hinweg von mir, Verfluchte, in das ewige Feuer, das dem Teufel und seinen Engeln bereitet ist" (Mt 25:34-41).

Solche Drohbotschaften sind für kritische Theologen wie Gerd Lüdemann keine authentischen Worte des Juden Jesus. Aber sie wirkten: Noch um 1980 wurde die Frage „Glauben Sie, dass Gott einen Ort der ewigen Strafe geschaffen hat?" von 70 Prozent der Katholiken und 68 Prozent der Protestanten in den USA mit Ja beantwortet. Und von 4 (vier) Prozent der Juden. Denn statt einer Ewigkeit dauert die nachtodliche Bestrafung gemäß verschiedenen Weisen des jüdischen Talmud zwischen 30, 60, 90 Tagen bis zu sechs Monaten. Rabbi Yohanan ben Nuri schätzte höchstens sieben Wochen, nach anderer Meinung müssen manche Sünder nicht länger als eine Stunde leiden. Der Zohar erwähnt ein Beispiel, wo ein Gestorbener nur anderthalb Stunden büßen musste, und sagt andernorts, in typisch jüdischer Betonung des Körpers als Bedingung der Seele, die Bestrafung der Seele ende sobald der Leichnam zerfallen sei.[108]

Während Himmel/Hölle eine endgültige Scheidung der Guten von den Bösen bedeutet, gibt es im jüdischen Verständnis keine abgrundtiefe Dichotomie zwischen dieser und jener Welt. Vom „Baalshemtov" Rabbi Israel ben Eliezer (1698-1760), der gerade durch seine diesseitig anti-asketische, sozial orientierte, die einfachen und körperlichen

---

108 Lüdemann: Jesus nach 2000 Jahren, Lüneburg 2000; Gallup-Umfrage, Talmud, Rabbi Yohanan und Zohar: Maller, p.109-113.

Freuden betonende Frömmigkeit zum Begründer des Chassidismus und einer Schlüsselfigur des 18.Jahrhunderts wie auch des heutigen Judentums wurde, erzählt Martin Buber: „Einmal war der Sinn des Baalschem so gesunken, daß ihm schien, er könne keinen Anteil an der *kommenden Welt* haben. Da sprach er zu sich: ‚Wenn ich Gott liebe, was brauche ich da eine *kommende Welt*?"

Von einem anderen chassidischen Meister, der (1798-1870) im polnischen Aleksandrow lebte, berichtet Buber: „Rabbi Chanoch sprach: ‚Auch die Völker der Erde glauben, daß zwei Welten sind; *in jener Welt*, sagen sie. Der Unterschied ist dies: sie meinen, die zwei seien voneinander abgehoben und abgeschnitten, Israel aber bekennt, daß beide Welten im Grunde eine sind und daß sie eine werden sollten.'"[109]

Der Baalshemtov kam im selben Jahr auf diese Welt wie Elisabethas Vater und verließ sie siebzehn Jahre vor ihrer Mutter Elisabetha Ebnerin, geborene Burg. Zwei Tage nachdem Yacov Grojanovski in sein Tagebuch notiert hatte, wie er auf SS-Befehl einen Vergasungswagen auszuräumen hatte – „Die Opfer waren Zigeuner aus Lodz. Verstreut im Lieferwagen lag ihr Besitz: Akkordeons, Geigen, Bettwäsche, Uhren und andere Kostbarkeiten" – hört er seinen todgeweihten Freund Mechel ihm zum Abschied zurufen: „Zai gesund! 'ch hoff du werst bleiben lebig. Mir farlossn *dise Velt*." In Poniatow war es eine nackte Jüdin, die ihrer Schwiegermutter in der Entkleidungshütte zurief: „Oif wiedersehen, shviger, in der *andrer Welt*.[110]

In all den oft bewegenden Beerdigungen, die ich als katholischer Ministrant am Heimatort der Gassnerin begleitete, in allen Texten meines Theologiestudiums, auch im Priesterseminar, war nie von einer *anderen Welt* die Rede. Christlich ist der Übergang nicht horizontal, sondern abgründig vertikal: Man segnet das Zeitliche und geht ein in die Ewigkeit, möchte „aus dem Leib ausziehen und daheim sein beim Herrn", wo „vor dem Richterstuhl Christi ... ein jeder empfange für das, was er im Leben vollbrachte ..." (2 Kor 5). Die Trauernden beten entweder für die ewige Ruhe der Toten. Oder man hofft sie oben im Himmel, in der ewigen Glückseligkeit, denn ewige Verdammnis dort unten wäre ja ... na ja, verdammt lang!

Kurzum, wenn der Inquisition Indizien wie Wechseln der Bettlaken am Freitag, Händewaschen vor dem Essen und Arbeiten am Sonntag genügten, um getaufte Juden des geheimen Judaisierens anzuklagen, was dürfen wir dann aus den andren Welten der Lis schließen?

---

109 Buber, p.133 f. und 841 (Kursivschrift: K.Y.R.)
110 Gilbert, p.255-264 bzw.629; die Begriffe „diese/andere Welt" kehren in Gilberts Buch auch auf den Seiten 260, 263. 264 und 524 wieder.

Die Juden Hur

Der Tatsache, dass Millionen nichtjüdischer Deutscher jüdische Ahnen haben, musste auch der Hitlerismus Rechnung tragen. Weil der „rassisch kostbare" arische Blutanteil eines Vierteljuden zu retten war, durfte er zwar keine Vierteljüdin, aber gerne eine Vollchristin heiraten, auf dass alle ihre Achteljuden-Kinder als deutschblütig galten. So bestimmten es die Nürnberger Gesetze von 1935, deren Schaubilder Arier als weiße, Juden natürlich als schwarze Einheiten markierten.

In Nürnberg machten sie ein Gesetz
Darüber weinte manches Weib, das
Mit dem falschen Mann im Bett lag. (...)
Marie Sanders, dein Geliebter
Hat zu schwarzes Haar.
Besser, du bist heute zu ihm nicht mehr
Wie du zu ihm gestern warst.
Das Fleisch schlägt auf in den Vorstädten
Die Trommeln schlagen mit Macht
Gott im Himmel, wenn sie etwas vorhätten
Wäre es heute nacht.[111]

In Bertolt Brechts „Ballade von der Judenhure Marie Sanders" (1935) hat die Judenhure einen Familiennamen, der nicht erst seit dem US-Präsidentschaftskandidaten Bernie Sanders als jüdisch erkennbar ist. Gab es vielleicht, in ähnlicher Art wie zwischen Marie Sanders und ihrem Geliebten, eine genetisch-kulturelle Anziehung auch zwischen der Lis und dem Johannes Gassner, und zwischen der Lis und dem schwarz gelockten Mathias Ruttmann? Der ungarische Psychologe Leopold Szondi (geboren 1893 als 8. Kind des Schuhmachers Abraham und Rézi Sonnenschein, geb. Kohn) behauptet eine solche Anziehung, weil persönliches, familiäres und kollektives Unbewusstes „als Überträger der verborgenen Ahnenansprüche schicksalslenkende Faktoren darstellen, indem sie die schicksalsformende Wahl in Liebe, Freundschaft, Beruf, Krankheit und Tod bestimmen."[112]

Lenkerin des „Schicksals" war und ist jedoch vor allem die soziale Zugehörigkeit. Krypto-Juden in der Alten und der Neuen Welt pflegten sich ihre Ehepartner sehr treffsicher unter ihresgleichen auszuwählen. Mein Urahne Jacob Rikheman, ein Schuhmacher, Vater von vier

---

111 Brecht, Bertolt: Gesammelte Gedichte, Bd.2, p.641 f.
112 Szondi, p.16 f.

kleinen Kindern und selber Nachkomme portugiesischer Juden, fand im Jahr 1666 nach dem Tod seiner ersten Frau Anna-Maria N.N. die zweite im zwanzig Kilometer entfernten Bauerndorf Kemnath und hatte dann noch acht Kinder mit dieser Maria, deren Familienname Mandel kaum jüdischer sein könnte. Die Katholikin Elisabeth fand ihren zweiten, den Protestanten Matheis Ruttmann, im gesellschaftlichen Bodensatz, dem beide angehörten. Beide waren schwarzhaarig, und beider Namen waren häufig unter Juden.

Im 17.Jahrhundert war der „Betteljude" zum gängigen Begriff der deutschen Literatur und Verwaltungssprache arriviert. Geschätzte 20 Prozent der jüdischen Bevölkerung fielen damals unter diese Bezeichnung, und auch die Lis bekennt, „ein paar Mal" habe sie im Winter „mit ihrem Kind auf der Ulmer Alb gebetlet".[113]

Grundlage legaler jüdischer Existenz in Deutschland, zum Beispiel im bayerischen Unterfranken, war vom 15. bis zum Beginn des 19. Jahrhunderts der individuelle, nicht vererbbare Schutzbrief, der für den Haushaltungsvorstand, seine Familie und gegebenenfalls seine Hausangestellten galt. Für einen bischöflichen Schutzbrief war der Nachweis eines wesentlich höheren Vermögens notwendig. Da jeder, der keinen Schutzbrief erwerben konnte, zu den „unvergleiteten Schnorr- und Betteljuden" gehörte, war der Vorteil des Gangs zum Taufbecken stets mit Händen greifbar. Weil sie eben Juden waren, ließ der aufgeklärte Preußenkönig Friedrich der Große anno 1772 nach der Annexion Westpreußens 60.000 polnische „Betteljuden" vertreiben, und im Jahr 1813 verordnete das Königreich Bayern, dass „Betteljuden ... nirgends in das Land gelassen, sondern überall, wo sie betreten werden, über die Grenze geliefert werden. Keinem ausländischen Juden, welcher durch sein Aeußeres befürchten läßt, daß er sich im Lande durch Bettel, oder auf andere unerlaubte Art fortzubringen versuchen möchte, besonders wenn derselbe mit Weib und Kindern an der Grenze ankommt, soll ... der Eintritt in Baiern gestattet werden, wenn nicht sein Geschäft, welches er in dem Lande hat, bestimmt und deutlich [in seinem Pass] ausgedrückt ist."[114]

Solchen Leuten musste sich die vielfach Grenzen überschreitende, zuweilen bettelnde, äußerlich nicht sehr germanische Lis in fast natürlicher Solidarität verbunden fühlen. „Auch gegenüber der jü-

---

113 Verhör vom 31.Oktober 1787.
114 „Juden" und „Betteljuden" in: G. Döllinger, Repertorium der Staats-Verwaltung des Königreichs Bayern, 5. Band (Polizey-Gegenstände), München 1816 (hagalil.com/2009/04/bayerische-judengesetzgebung); Stichwort Betteljuden in: shalomeuropa.de.

dischen Bevölkerung – zumal dem jüdischen Gaunermilieu – waren ihr Berührungsängste fremd", schreibt Silja Kai Foshag dezent. Recht derb dagegen denunzierte 1787 die Marianne Müllerin, bekannt als Näslende Mariann, ihre Ex-Gefährtin: „Die Lies auch 14 Wochen lang mit zwey Juden ihrer gleichen Beutelschneidern geloffen, und habe ihnen beygehalten, wessentwegen [sie] die Juden Hur genannt werde."[115] Berührungsängste gegenüber Juden kannte freilich auch der berühmte Schinderhannes nicht. Er nahm zwar die Dienste jüdischer Hehler gerne in Anspruch, doch andrerseits zielte er „besonders auf die Juden als Opfer. Dadurch blieb er bei der Bevölkerung relativ beliebt, und auch die einzelnen, brutaleren Überfälle auf Christen schmälerten seinen Ruf kaum ... Sein Vorgehen entsprang in erster Linie seinem Gespür für die Stimmung in der Bevölkerung".[116]
Diese judenfeindliche Stimmung war der Lis offenbar gleichgültig. Der Jude, dem ihre Freundin Marian in Mergentheim vor Jacobi 1787 in die Tasche griff, hatte nur 2 Gulden florin darin.[117] Die Dienste jüdischer Hehler hatten die Gassners mehrfach in Anspruch genommen: Eine blaue Tabaksdose in Weingarten 1774 brachte ihr Mann zum Juden, eine silberne Tabaksdose vom Markgröninger Schäfersprung versilberte sie selber bei einem Stuttgarter Juden, und die beim Buttenwieser Markt gestohlenen Textilien („Stuzen, Kappen von Samet, Spitz, seidenen und Karthonenen Halstüchern, Bumasin, braun Scharlatinenem Tuch, 1 Paar Schuh und 1 Paar Pantofeln") gingen für 20 fl. an einen „Jud von Bottenwiesen ... von Statur nicht groß, und heisse Abraham."[118]
Am 5.November konfrontiert man die Lis mit der Aussage des vulgo Kuchl Annale, „welche der Lies nichts nachgebe", und dieses Annale wirft ihr dasselbe vor wie die Mariann: Sie habe sich „gegen 14 Wochen 2en Juden, die erfahrene BeutlSchneider waren, zugesellet, diesen leifertig beygehalten, und daher die Juden Hur genennt worden". Letztere Benennung hatte man in Schwaben fünfzig Jahre vorher auch auf die Frauen angewandt, die „sich an den geilen Süß gehenkt", den Hofjuden.[119] Am 11.Dezember 1787 ist das Thema für Amtmann Röm so interessant, dass er sechsmal nachhakt: „Ob Inquisitin nicht etwa mit Juden bekannt sei?" – „Es wolle doch verlauten, daß Inquisitin auch mit Juden geloffen seye?" – „Ob sie nicht etwa eine Person ken-

---

115 Foshag, p.242 f.
116 Küther 1976, p.46.
117 Verhör 14.März 1788, Foshag, p.529.
118 Foshag, p.289, 338, 394, 537.
119 Gerber, p.133, aus einer Flugschrift zitierend.

nen, welche die Juden Hur genennet werde?" – Ob ihr „der rechte Namen von der Juden Hur nicht unbewußt seye?" – Einer Person nämlich, „die mit den Juden Umgang gepflogen habe?" – Und wenn man doch schon wüsste, „dass sie mit den Juden mehrere Wochen geloffen?" – Genervt gibt hier die Juden Hur zur Antwort, all dies käme halt von ihrem Hannes her, der sie bei der unverhofften Begegnung beim Reutlinger Simon-und-Judi-Markt „gefraget, ob es war seye, daß sie mit denen Juden geloffen".

Am 14.März 1788 ist Röm zum dritten Mal beim Thema: „Es wolle doch verlauten, dass sie auch mit Juden umgezogen?" – „Ihr Lebtag habe sie keinen Augenblick bey einem Juden sich aufgehalten ..." – „Man habe diesfalls andere Nachrichten in Händen ..." – „Von Juden ... könne sie nichts sagen." – „Solle die Wahrheit reden, und das c.v.[120] Lügen aufgeben." – „Sie habe 3 Rayen bei dem Ochsen zu Ellwangen getanzet, ob es Juden gewesen, das wisse sie nicht." – „Man berge ihr nicht, dass sie mit Juden zu Ellwangen angekommen ... Warum sie die Bekanntschaft mit Juden geleugnet habe?" – „Sie laugne nicht, auch Juden bey sich in Ellwangen gehabt, und mit diesen getanzt zu haben." – „Warum sie schon oben in denen Verhören die Bekanntschaft mit Juden, und heute abermal abgelaugnet habe?" – „Sie wisse es selbst nicht." – „Es müsse eine Ursach darunter steken ..." – Und Lis gibt endlich zu: „Sie kanne noch mehrer Juden, von Apfelbach, die jmmer auf den Märkten umlaufen und stehlen ..."

„Umso sträflicher seye es", so Röm zum Abschluss, „je länger und boshafter sie die Bekanntschaft mit Juden gelaugnet habe."[121]

Die Cousine Jesu

Elisabeth war die ältere Cousine der Mutter Jesu, und Anna dessen Großmutter. So steht's bei Lukas. Weil also Elisabeth, Maria und Anna Jüdinnen waren, die Jesus besonders nahestanden, galten alle drei als passende Taufnamen jüdischer Konvertiten, etwa der Anna, Braut des Kirchenmalers Mathias Grünewald, ebenso wie auf männlicher Seite die Namen des jüdischen Apostels Matthäus und des jüdischen Täufers bzw. Lieblingsjüngers Johannes. Elisabetha Gassnerin starb zweifellos als Christin, und die Leiden des gekreuzigten Juden Jesus hatte sie im Verhör mehrfach auf ihren eigenen Leidensweg bezogen: Am 19.Oktober 1787: „Gott habe unschuldig gelitten, und wenn man

---

120 „c.v." steht für *cum venia*, mit Verlaub.
121 Verhör 14.März 1788, Foshag, p.530 f.

sie martere, so leyde sie auch unschuldig."Am 26.Oktober 1787, als Antwort auf die Drohung, „andere Mittel fürzukehren, wenn sie ihre verboste Hartnäkigkeit nicht ablegen wolle": „Ja, das wisse sie noch wohl sie müsse es geschehen lassen was man mit ihr anfange und gedenken unser Herr Gott habe auch viel gelitten."[122]

Der gegeißelte Jesus in der Steingadener Wieskirche – und ein kniender Adliger, der 1781 für die Einsiedelner Gnadenkapelle dankbar dieses Votivbild malen ließ, weil die Schwarze Madonna ihm geholfen hatte.

Die Analphabetin Lis sagte dies neun Monate vor Ihrem Tod. Ihre hoch gebildete Zeitgenossin Rahel Levin (1771-1833), berühmt für ihre Salonabende mit Geistesgrößen von Heinrich Heine bis Wilhelm von Humboldt, erzählte an ihrem Todestag ihrem Mann Karl Varnhagen, dem zuliebe sie konvertiert war:
„Mein Herz ist im Innersten erquickt; ich habe an Jesus gedacht, und über sein Leiden geweint: ich habe gefühlt, zum erstenmal es so gefühlt, dass er mein Bruder ist. Und Maria, was hat *die* gelitten! Sie sah den geliebten Sohn leiden, und erlag nicht, sie *stand* am Kreuz."[123]

122 Verhöre 19./26.Oktober 1787, Foshag, p.252, 406, 416.
123 Rahel-Bibliothek, Bd.1, p.43 f. (nach Hertz, p.183).

Am 29.Oktober wird die Lis gefragt, wie sie in der Haft ihre Zeit verbringe. „Mit dem Gebeth, und Betrachtung unseres Herrgotts auf der Wies, welcher auch gefangen gewesen." Damit meinte sie wohl den Jesus der „Wallfahrtskirche zum Gegeißelten Heiland auf der Wies" bei Steingaden, in den sie sich aufgrund einer gewissen äußeren Ähnlichkeit wohl besonders einfühlen konnte.

Am 14.März 1788: „Gott im Himmel wisse, dass sie nichts hinterhalte. Sollten aber weitere Nachrichten von ihr da seyn, wordurch sie eines mehrere beschuldiget werde, so wolle man es nur hinschreiben, sie wolle alles gethann haben, und Gott zu Lieb leyden."[124]

Kein Kreuz, nicht einmal einen Rosenkranz, an dem ja obligatorisch ein Kreuz hängt, fand man nach der Verhaftung in ihrer Krätze. Ein Maria-Bild auf Papier gestochen, zwei Marienbildchen mit Bleirähmchen und ein paar Kindlein von Maria Einsiedeln, das war alles, was sie an religiösen Bildern besaß. Für spanische Inquisitoren war „vom Kruzifix wegzuschauen" oder „das Ave Maria auszulassen" schon ein Indiz für strafbares Judaisieren gewesen.[125] Zu Maria hatte die Elisabeth jedoch eine starke Beziehung. Ihr erster Besuch 1778 bei der Schwarzen Madonna von Einsiedeln scheint tatsächlich eine Gelübdewallfahrt gewesen zu sein, „ohne jeden räumlichen Bezug zu ihren angestammten Wanderrouten", aus Dank für das glückliche Freikommen in Weißenhorn, nach sechs Wochen Haft, während derer die Mutter Gassner Zeit und Grund genug hatte, der Mutter Gottes eine Votivwallfahrt zu geloben.[126] Am 22.Januar 1788 gibt sie an, sich insgesamt „3mal, ... jederzeit 1 paar Täge" in Einsiedeln aufgehalten zu haben.[127] In einer Schweizer Druckschrift über „Erzjauner, Kirchenräuber, Tag- und Nachtdiebe" meinten die 1787 hingerichteten Ignazi Bandell und Sebastian Krämer (letzterer ein Sohn der Schleiffer Bärbel), die Gassnerin finde sich „beynahe alle vier Wochen in Einsidlen ein". Materielle Motive unterstellte der fleißigen Pilgerin ihre im selben Jahr 1787 exekutierte langjährige Kameradin Marian: Sie „stehle zu Einsiedlen in der gnaden Kapell" und habe „durch ihr Beutelschneiderey und Sackgreiffen in der Gnaden Kapell in Zeit von 3.Tag über alle Zehrung 500 fl. hinweg getragen". [128]

„Wie hältst du's mit der Religion?" Diese Gretchenfrage hätte die

---

124 Verhör vom 14.März 1788, Foshag, p.532.
125 Perera, p.64.
126 Foshag, p.97,
127 Verhör vom 22.Januar 1788, Foshag, p.485.
128 Schweizer Druckschrift: Foshag, p.241; Aussage der Marian: Wiebel, in Blauert/Schwerhoff, p.776 f.

Lis wohl kaum anders beantwortet als das Gros der zeitgenössischen Christen ohne jüdische Vorfahren. In ihrer religiösen wie kriminellen Praxis jedoch zeigt die Lis, deutlicher als ihr Mann, typische Merkmale von Marrano-Verhalten: Als Menschen, deren Vorfahren das Christentum nicht so sehr aus Überzeugung, vielmehr wie Heinrich Heine als „Entrée-billet zur europäischen Kultur", aus purer Not oder gar zwangsweise akzeptiert hatten, war diesen spanisch-portugiesischen Marranos[129] ihr Skeptizismus und Relativismus wenn nicht genetisch, so doch per Familientradition mitgegeben. Die Philosophen Baruch Spinoza und Michel de Montaigne, Miguel de Cervantes und andere Autoren jener Pícaro-Novellen, die schelmenhafte Landstreicher als Anti-Helden präsentieren, sind Beispiele dafür, wie die familieninterne Spannung zwischen Christen- und Judentum „zu Unglauben und Skeptizismus, zu einer Art von religiösem Relativismus führen konnte, wenn nicht musste."[130] Aus guten Gründen halten Nathan Wachtel und (noch deutlicher) Yirmiyahu Yovel die „Conversos" für die notorischen Nonkonformisten und Erneuerer im frühneuzeitlichen Europa, für die Avantgarde der europäischen Aufklärung. Nicht ganz zu unrecht hatte Felipe II. von Spanien bemerkt: „Alle Häresien in Deutschland, Frankreich und Spanien wurden verbreitet von denen, die von Juden abstammen."[131]

Sowohl die Dominanz hebräischer Wörter im Rotwelschen als auch der Anteil jüdischstämmiger Menschen an der Vagantenbevölkerung des 18.Jahrhunderts erklären sich nicht nur aus ökonomisch-sozialer Ausgrenzung der Juden, nicht nur aus der notorisch nonkonformen Aufmüpfigkeit der jüdischen Kultur, sondern auch aus diesem skeptischen Relativismus gegenüber der christlichen Ordnung, welche, wie von Thomas Müntzer, anfangs auch von Martin Luther deutlich ausgesprochen, keine gerechte war und deshalb belehrender Gewalt bedurfte. Die öffentliche Zelebrierung der deutschen Hinrichtungen, ähnlich wie bei spanischen Autos-da-fé, diente durchaus vergleichbaren Lernzielen wie die Gewaltexzesse der Bauernkriege und das Bauernmassaker der Sendlinger Mordweihnacht von 1705. „Der blanke Hass, mit dem die adeligen Offiziere gegen die Aufständischen vorgehen ließen, resultierte auch aus der Erkenntnis, dass diese mit ihrem demokratischen Ansatz ein überaus gefährliches Gegenmodell zum absolutistischen Staat in die Welt gesetzt hatten."[132]

---

129 Das Wort wird meist von (span.) marrano für „Schwein" hergeleitet.
130 Wachtel, p.244.
131 Yovel, p.222.
132 Wikipedia-Artikel zur Sendlinger Bauernschlacht.

Kirchenopfer

War es Zufall, dass die Lis so oft christliche Feste als Szene und Kleriker als Opfer wählte?

1787 gesteht die 45-Jährige, mit erstaunlich gutem Gedächtnis, unter allen „weltlichen" Taten auch folgende mit religiöser Kulisse, beginnend mit dem ersten Diebstahl ihrer Laufbahn:

1766: „Schon vor 21 Jahren habe Inquisitin in der Ernte zu Wellenschwang aus dem Opferstock 6 fl. und zu Klimmen mittelst einem Fischbein etwa 20 Bazen herausgezogen, dergleichen Plünderungen auch zu Welden, Holzen und anderwärts tentiert, doch aber leer ausgegangen."

1774 wandte das junge Ehepaar Gassner beim Lorenzmarkt in Thannhausen in bestem teamwork den Vorsteh-Trick an, der dem Doppel Lis-Lisabeth in Ludwigsburg acht Jahre später so gut gelingen sollte und der hier den Pfarrer von Münsterhausen seine wundersam entschwundene Sackuhr kostete. Noch im selben Jahr stahlen Herr und Frau Gassner die Taschenuhr eines Herrn, der „zu Weingarten an dem BlutsFreytag durch den Klosterhof geloffen." Wieder in Schwaben, habe sie, diesmal ohne Gemahl, nahe Kirchheim/Teck „einem Bauern die Sackuhr diebisch gelanget" und zwar „mit Gelegenheit der zu Jesingen abgehaltenen Prozession".[133] Womöglich sah Frau Gassner diese fromme Kolonne ähnlich skeptisch wie der Brasilianer Gilberto Gil die Procissão im armen Sertão:

Olha lá vai passando a procissão	Schau da, da kommt die Prozession
Se arrastando que nem cobra pelo chão	wie eine Schlange schleicht sie schon.
As pessoas que nela vão passando	Die Leute wo sich da so schlängeln
Acreditam nas coisas lá do céu	glauben an die Dinge dort im Himmel
As mulheres cantando tiram versos	die Frauen singen auswendig Verse,
Os homens escutando tiram o chapéu	die Männer hören und ziehen den Hut
Eles vivem penando aqui na Terra	sie leben büßend hier auf Erden
Esperando o que Jesus prometeu.	hoffen dass Jesús was für sie tut.
E Jesus prometeu coisa melhor	Und Jesus stellte ja was Besseres vor
Prá quem vive nesse mundo sem amor	für's Leben in dieser Welt ohne Amor.
Só depois de entregar o corpo ao chão	Doch erst musst du sterben, ja genau
Só depois de morrer neste sertão	musst du ins Grab hier im Sertão.
Eu também tô do lado de Jesus	Ich bin auch auf der Seite von Jesús,
Só que acho que ele se esqueceu	nur vergessen hat er, find ich eben
De dizer que na Terra a gente tem	zu sagen, Leut, hier unten muss
De arranjar um jeitinho pra viver.	man auch was arrangier'n zum Leben.

---

133 Pflug, p.258-262. Beim Prozessionsdiebstahl in Jesingen (p.259) ist die Tatzeit „1788" klar falsch; die Tat selbst ist bei Foshag nicht auffindbar.

1778 in Weißenhorn „sei die Mariann einem geistlichen Herrn [Pfarrer Johannes Gebl] unter dem Tor vorgestanden, Inquisitin habe diesem die Uhr aus dem Täschl gelanget." Auch dem Pfarrer von Thannhausen habe sie „eine silberne Sackuhr genommen" die ihr Ehemann „hinnach ... dem Eigenthümer wieder zutragen müssen."[134]
1780 seien sie und die Annamy um das Fest Mariä Geburt „miteinander in Ravenspurg gerwesen, wo man eben die Kirchen Sachen gesonnet habe. Sie Beede seyen in die Pfarr Kirche, und die Annamy habe den Kasten offen gesehen, mithin zu diesem gegangen, und ein roth Tafetes, oder Damastenes Baltakinnel herausgenommen".[135] Der Stoff dieses Baldachins – einer Art von jüdischer Hochzeits-Chuppah, doch christlich gedacht für die Prozession des Fronleichnam – wurde dann zu ihrem neuen roten Mieder recykelt.

„Dann seien es verflossenen Sommer 6 Jahre gewesen [wohl 1781], daß Inquisitin, der Franz und ein gewisser Hansjörg bei dem Schulmeister zu Königin-Bild nach Jakobi in der 11.Nachtstunde einen gewaltsamen Angriff vollbracht. Der Jörg seie bei dem Kuchlfenster eingestiegen und habe dem Franz die Tür aufgemacht, wo indessen die Diebin bei dem Brunnen Wache gehalten. Die Diebe aber allda 3 Geigen samt den Bögen, 1 Paar Mannsschuh samt Schnallen, 1 Flor von Seidenkrepp, 1 Tabackstosen und Schnupftuch gestohlen – bei dieser Gelegenheit auch den Kirchenschlüssel erwischt, mit welchem sie die Kirchentür eröffnet und da sie ihr Vorhaben nicht bewerkstelligen können, so haben sie in der Kirche so lange auf den Geigen gespiclot, bis der dortige Kaplan in der Meinung, dass der Schulmeister spiele, herbeigekommen."
1782 habe sie „zu Arbon am Heil. Kreuz Tag [3.Mai] einem Geistlichen eine SackUhr in der Kirche ... aus der Tasche gestohlen."[136] Im September 1782 der große Coup, der so ins Volle ging, weil die Damen, am End' des Gottesdienstes für den Juden der sagte „Ihr könnt nicht Gott dienen und dem Mammon", genau den Moment abpassten wo die Herrschaften wieder rausgingen mit dem Mammon: „Inquisitin war nach der Lisbeth, dem Weibe des großen Domini, so dermalen unter dem Namen Schokolade Hans bekannt gewesen, in die Kapelle gedrungen und ließ einem großen Herrn, welcher aus einem grünseidenen langen Geldbeutel ein Opfer in das Klingelbeutele gelegt, und während der Messe aus einer von Gold schweren Tabaquier geschnupfet, nimmer aus dem Auge, in dem festen Vorhaben sothane Tabacks-

---

134 Beide Diebstähle im Verhör 16.Okt.1787, Foshag, p.392 f.
135 Verhör vom 8.März 1788.
136 Foshag, p.314 und 439.

dase aus dessen Tasche zu rauben. Inquisitin und ihre Kamräthin drangen nach der Messe, wie gedachter Herr aus der Kapelle gegangen, auf denselben zu, und da die Lies vorgestanden, die andere aber dem regierenden Herrn Reichsgrafen Schenk-Castell zu Dischingen in die Rocktasche gelanget, so haben sie anstatt der goldenen Tabacksdosen, auf welche ihr Antrag gewesen, den Geldbeutel unter der Tür herausgelanget, in welchem für 1400 fl. Louisd'or, dann 300 fl. an dukaten und Maxd'or erwischet und sothane Summe bei dem Zeughause mit einander getheilet und sofort sich damit unsichtbar gemacht."[137]

1783 wurde „an Portiunkula bei den Franziskanern in Innsbruck einem Weib eine Tabakstosen mit silbernem Reif und Charnier genommen und diese dem Matheisl gegeben."[138]

1783/84 habe sie in Baden (Kanton Aargau) ... wo eben ein Fest bei den Capucinern gehalten worden, im Getreng vor der KirchenThür ... einem kleinen herrn" dessen Uhr „aus dem Uhren Täschl genommen".[139]

Des weiteren bekennt sie Diebstähle in den Pfarrhäusern von Haupeltshofen und Babenhausen. Nach Aussage der Opfer sei sie auch „mit dabei gewesen, wie der Martin und Franz in der Abwesenheit des Pfarrers zu Billenhausen 1781 um Pfingsten den dortigen Kapellan des Nachts zwischen 10 und 11 Uhr ausgeraubet haben. Die Diebe seien mit Erbrechung einer Tafelscheibe durch den Kreuzstock eingestiegen und haben sodann die Tür an dem Zimmer des Beneficiats mit Gewalt eingestoßen und denselben im Bette gebunden, hienach aber die Mägde in ihrer Kammer überfallen, die Hauserin, weil sie nicht schweigen wollen, mit der Hand dermaßen an den Schläf geschlagen, daß ihr gleich übelgeworden, hingegen die Magd, welche sich den Räubern nach Kräften widersetzte, härtest gebunden, in der Kammer herumgezogen und übel traktieret, sodann aber die kühnen Dieb sich wieder zum Beneficiat begeben und demselben aus seinem mit Gewalt erbrochenen Pult 300 fl. an Geld, einen mit Silber gefaßten und vergoldeten hl. Kreuz-Particul, eine Tabakstosen von Schildkrott, 1 Dutzend Schnupftücher, 4 Hemden, einen Rock, 1 Sackuhr und einen weißen Hut geraubet, wo mittlerweile die Hauserin ein kleines Mägdl, um Lärmen zu machen, durch den vergitterten Kreuzstock hinausgeschoben und die Diebe also verjaget worden."

Haben diese Attacken auf die Geistlichkeit ein religiöses Begleitmotiv

---

137 Pflug, p.260.
138 Pflug, p.261; bezüglich Zeitpunkt korrigiert von Foshag, p.320.
139 Foshag, p.322 und 514.

wie die zur gleichen Zeit aktiven niederländischen Räuberbanden, die hauptsächlich aus Juden bestanden und als „Balken zum Aufrennen der Tür ... oft ein ausgerissenes Wegkreuz"[140] anschleppten? Wohl kaum. Denn was im Verhör der Lis recht deutlich aufscheint, sind zwei handfeste Motive: Die Gassnerin, als Mutter von vier zu ernährenden Kindern, wählte religiöse Kulissen aus psychologischen, tricktechnischen Gründen, und geistliche Opfer, weil bei denen was zu holen schien. In dieser Motivkombination unterscheidet sie sich von ihrem vergleichbar berühmten Zeitgenossen, dem (christlichen) Konstanzer Hans, der „mit Vorliebe Angehörige gesellschaftlicher Oberschichten angriff": „Vorher war es Jaunersitte gewesen, nur hauptsächlich Bauren und Krämer zu bestehlen. Aber Hanß hatte gleich in der ersten Zeit ... statt deren – Beamte, Klöster und adeliche Wohnsize, besonders aber Pfarrer vorgeschlagen, weil die lezteren am wenigsten Herz hätten, bei allen aber mehr als in gemeinen Häusern zu erheben wäre."[141]

Sie unterscheidet sich noch stärker von den Juden, die in Küthers Sicht durch ihre „antisoziale Unbelehrbarkeit" hervortraten: Bei diesen „mochte das gesellschaftsfeindliche Empfinden noch durch religiöse Motive verstärkt werden. Ihr Handeln richtete sich ja zunächst nicht gegen die Struktur der Gesellschaft als solche, sondern gegen den Punkt der christlichen Gesellschaft, der sie als Juden unterdrückte. Ihr Gegner war weniger der Reiche an sich, sondern der (reiche) Christ, der überdies noch Träger des Systems war."[142]

Und sie erinnert in ihrer Marienverehrung wiederum an ihre jüngere Zeitgenossin Rahel Levin, die im Jahr 1812, zwei Jahre vor ihrer Taufe, ihrem Tagebuch einen surrealistischen Traum anvertraute:

Ich lag auf einem breiten Lager mit einer grünen Decke zugedeckt. Auf demselben Lager mir gegenüber, ohne mich zu berühren, die Füße auch unter der Decke, mir etwas rechts, lag Bettine Brentano und in Bettinens Richtung, ihr rechts, mir aber links, die Mutter Gottes ... Wir waren am Rande der Welt. Dicht rechts neben dem Lager war ein großer Streif Erde tief unter uns zu sehen, etwa wie eine sehr große Chaussee. Darauf liefen kleingesehen Menschen hin und her und trieben der Welt Gewerbe; nur flüchtig und als nach einer sehr bekannten Sache sah ich dahin. Wir waren die Mägde der Erde und lebten nicht mehr; oder vielmehr wir waren vom Leben geschieden – auch ohne

---

140 Küther 1976, p.35.
141 Küther 1976, p.100 f.
142 Küther 1976, p.102.

Verwunderung für mich noch Trauer noch Gedanken an den Tod – und
sollten nach meinem dunklen Wissen nach einem Ort; unser Geschäft
aber auf diesem Lager, nämlich unsere Beschäftigung war, uns abzu-
fragen, was wir gelitten hatten – eine Art Beichte! ...
„Kennst du Kränkung?" fragten wir uns zum Beispiel; und wenn man
nun diesen Schmerz im Leben empfunden hatte, so sagten wir: „Ja,
die kenne ich" ... Die Mutter Gottes war immer still, sagte nur „Ja"
und weinte auch; Bettina fragte: „Kennst du Liebesschmerz?" ...
Wir waren fertig, die Herzen rein, meines aber noch mit schwerer
Erdenlast gefüllt; ich richte mich auf, sehe die Weiber erregt an, und
will meine Last mir entnehmen lassen ... In einem an Unsinnigkeit
grenzenden Zustand schreie ich: „Ich habe nichts getan! Getan habe
ich nichts. Ich habe nichts getan. Ich bin unschuldig ..."[143]

Miederhaken

Wie schuldlos sie in Ulm zu einer gelben Sackuhr gekommen sei,
beschreibt die Lis am 16.Oktober 1787 nach dem Mittagessen: „Der
Herr seye gegen ihr daher gelauffen, sie hingegen an diesem vorbey-
gegangen, wehrend deme seye ihr die Uhr *an dem Mieder Hacken*
geblieben, welche sie also mitgenommen." Am Ende bekommt der
Gestohlene die Uhr zurück, denn der Krämer von Pfaffenhofen habe,
„als er sie zu Gesicht bekommen, die Uhr gleich gekennet, und dem
Gaßner gesagt, dass diese Uhr einem gewiesen Herrn in Ulm zugehere
solche dem Herrn wieder gebracht". Für ein paar Kreuzer Finderlohn
gibt der Gassner eine Uhr zurück, deren Erlangung seine Frau betrie-
ben und beschrieben hat mit so viel – ja genau: mit so viel Chuzpe!
Denn dieses jiddische Wort für „witzige, dreiste Unverfrorenheit"
scheint mir nicht nur für diese Anekdote zu passen. In Rapperswyl bei
Bern zum Beispiel, so berichtet sie am 17.Oktober 1787, habe sie eben
„mit dem Wurzner Schiff abfahren wollen, und wie sie eingestiegen,
so seye einem Bauren, der Käß gekauffet, sein Geld *aus dem Sack*
gesprungen, welcher es gleich gemerket, und gelermet habe, und ob-
gleich noch mehrere Leuthe allda gewesen, so habe man jedoch nur
sie ergriffen, und da sie fremd ware, auf das RathsHaus geführet."
Genauso Unschuld vom Lande war sie bei der Sache in einem „Stadtel
unweit der Mutter Gottes von Schönberg, welches so viel sie sich er-
jnneren könne Ellwangen heiße" und wo sie „dieweilen sie mit einem

---

143 Rahel Varnhagen: Briefwechsel, hg. von Friedhelm Kemp, München
1979, Bd.1, p.206 f.; hier zitiert nach Hertz, p.155 f.

Menschen auf dasigem Markt gewesen" lediglich „getanzet, und die Weibs Persohn dabey noch gesungen habe". Also gar nichts Schlimmes, und trotzdem habe man sie „bey ihrem Fortgehn gleich verfolget" und der Amtsknecht sie beide zum Tor geführt, wo er sie mit 2 Stockstreichen für Elisabeth und 6 für ihre Kameradin „fortgeschaffet". Wer sich nicht wehrt, lebt verkehrt! Die Kameradin wollt's nicht hinnehmen und sprach der Liesel zu, nochmal in die Stadt hineinzugehen „um zu erfahren aus was Ursachen man sie beede geschlagen habe ... seyen aber allda gleich auf die Wach zum Amtsknecht gesezet, und habe nach 3 Tägen jede 12 Stock Streich erhalten."[144]

Inklusive dieser Züchtigung hat die Gassnerin nach Aktenlage mindestens 130 amtlich zugemessene Schläge erhalten: 7-8 in Riedlingen, 12 in Ellwangen, 12 in Weißenhorn, 25 in Ottobeuren, 74 in Oberdischingen. 31mal war ihr dort Züchtigung angedroht und zweimal das Essen vorenthalten worden, um sie zur Aussage zu zwingen.

Diese angedrohten und vollzogenen „Schärffen" waren sehr human verglichen mit den Folterkammern der Inquisition, aber barbarisch verglichen mit heutigen rechtsstaatlichen Verhör- und Strafmethoden. Sie brachten die Delinquentin, die sich wenn möglich vorsorglich auspolsterte, zwar zur Aussage, konnten sie aber nicht brechen. Mehrmals beklagte sich der Oberdischinger Gefängniswärter, dass sich die „Inquisitin heute auf die boshaftest, und jmpertinenteste Weis aufgeführet." Silja Kai Foshag erkennt in ihr, neben Zielstrebigkeit und Fähigkeit zur raschen, erfolgreichen Anpassung an veränderte Lebenssituationen sowie einer überdurchschnittlichen Intelligenz, „ein starkes Selbstbewusstsein und ein großes Durchsetzungsvermögen." Mit solchen Eigenschaften wurde die Schwarze Lis sehr leicht zum roten Tuch für Vertreter des starken Geschlechts und deren „männlichgaunerisches Selbstverständnis".[145] Dies gilt zuerst für ihren Ehemann, aber auch für den Konstanzer Hanß, der sich als „Rädelsführer aller Jauner" wohl ungern von der „Diebin und Sacklangerin ohne ihres Gleichen" hätte dominieren lassen.

Es galt nicht für ihren letzten Weggefährten und Vater ihres jüngsten Kindes, den wohl mindestens fünf Jahre jüngeren Matheis Ruttmann. Dass sie mit dem Matheis, im Gegensatz zu christlicher Moral, ungeschieden doch sehr entschieden eine neue, zwar auf dem Papier gefälschte, im Leben aber durchaus eheliche Beziehung beginnen konnte, mag, wie schon gesagt, mit einer jüdischen Sicht der nicht ewig

---

144 Verhör vom 16.Oktober 1787, a prandio (nach Mittag); Foshag, p.390.
145 Foshag, p.261 (betr. Johann Gassner) und 283 (Charakter der Lis).

bindenden Ehe zu tun haben. Wie tief sie dennoch mit ihrem ersten Mann Johannes verbunden blieb, zeigt sich an dessen nächtlichen Besuchen bei seiner Witwe.

„Die Toten sind uns nah und leiten uns"

... so sagte jedenfalls die französische Psychologin Françoise Dolto.[146] Die schwäbische Diebin Lis Gassner hatte noch am Anfang ihres neunmonatigen Nahtodlebens, am 27.November 1787, versichert, wenn sie nicht die Wahrheit gesagt habe, „so solle sie und ihre Kinder am jüngsten Gerichts Tag nicht würdig seyn, *Gott den Höchsten* anzusehen." Sieben Wochen später, am 17.Januar, war der Vater ihrer ersten sieben Kinder am Strang gehangen. Am 8.März, also wieder sieben Wochen später, sagt sie, dass sie „kein Ruh in ihrer Gefangenschaft mehr habe, jndeme ihr Hannes schon dreimal bey ihr in dem Gefängnüs gewesen, sie ermahnet, dass sie ihr Sach bekennen, und ihm eine H.Mess bey der Mutter Gottes in der Kapelen zu Neyhausen nachlesen lassen solle, erst lezten Freytag des Nachts um 2 Uhr habe selber sich wieder bei ihr eingefunden, und lasse ihr keine Ruhe."[147]

Wenn ein Traum sich wiederholt, gilt dies in der notorisch traumdeuterischen jüdischen Kultur als Indiz seiner Wichtigkeit.[148] „Wie hast du dein Erdenleben vollbracht?" fragte der Maggid von Kosnitz eine mitternächtliche Stimme und erfuhr, dass dieser tote Musiker, sündig wie alle fahrenden Spielleute, bei der Chasene, der Hochzeit des Maggid aufgespielt hatte. „Weißt du noch die Melodie, die du spieltest, als sie mich unter den Trauhimmel führten?" Und der Chasener singt die Melodie, und der Maggid singt dieselbe Weise am nächsten Sabbat, erlöst durch sie den Musiker.[149] Unsinn oder nicht, entscheidend ist in jüdischer Traumdeutung, auf den Trauminhalt einzugehen, eben seinen Sinn zu finden: „Ein Traum, der nicht gedeutet wird, gleicht einem Brief, der nicht gelesen wird", erklärt der Talmud.[150] Die richtige Interpretation könne nur ein anderer Mensch geben; deshalb müsse man den Traum jemandem erzählen, der Vertrauen verdient.

Vom sicher ehrenwerten Oberamtmann Röm und seinem honetten Amtsschreiber Bonifatius Merz war vermutlich keine Traumdeutung

---

146 Schützenberger, p.132; ich meine, dass es nur eine Welt gibt, Seele immer Körpernahrung braucht und Tote nur in den Psychen Lebender agieren.
147 Verhörprotokoll 8.März 1788 (Foshag, p.520).
148 Kristianpoller, p.19 und 98.
149 Buber, p.453; Die Seele des Spielmanns.
150 Barakot 55 b, nach Kristianpoller, p.135.

zu erhoffen. Als jemand, dem die Lis sehr indirekt und ungewollt über 229 Jahre Distanz ihren Traum enthüllt hat, würde ich ihr folgendes sagen, oder besser sie fragen:

Was bedeutet es, liebe Frau Gassner, dass Sie von Ihrem ersten Mann träumen? Sind Sie mehr mit *ihm* verbunden als mit dem Matheis? Fühlen Sie sich schuldig gegenüber Ihrem Ersten, dem Vater Ihrer Kinder? Warum fordert der Sie auf, dass Sie „Ihr Sach bekennen"? Fürchten Sie, beladen in die „andere Welt" zu kommen – oder gibt der Hannes Ihnen guten Rat, um Ihre Freiheit hier in dieser doch noch wieder zu erlangen? Und dann, die Messe lesen lassen: warum ausgerechnet in Neuhausen, genau dort, wo Sie sich mit dem Matheis treffen wollten und wo man Sie wegen Ihres Kindes fasste? Bei der Mutter Gottes eine Messe lesen lassen: wollen Sie für Ihren Hannes christlich so das jüdische Kaddisch sprechen lassen, das Sie noch nicht ganz vergessen haben?

„Unrecht Gut gedeihet nicht"

Was hat diese gute alte deutsche Spruchweisheit mit der Schwarzen Lis zu tun, und ist der vierhebige Vers ein weises Sprichwort? Diese Frage scheint geeignet, der nicht als edel berühmten Zeitgenossin von Schillers edlem Räuber Karl Moor psychologisch näherzukommen.

„Zwei Kinder stahlen Äpfel in einem Garten. Plötzlich taucht der Gärtner auf und die beiden laufen weg. Einer wird erwischt. Der andere kehrt auf einem Umweg nach Hause, überquert den Fluß auf einer schlechten Brücke und fällt ins Wasser. – Was meinst du: Wenn er die Äpfel nicht gestohlen hätte und doch über die Brücke gegangen wäre, wär' er dann auch ins Wasser gefallen?"

Diese Fallgeschichte zitiert der große Schweizer Entwicklungspsychologe Jean Piaget in seinem Werk „Das moralische Urteil beim Kinde". Eins der Kinder wird erwischt, das andere entkommt mit schlechtem Gewissen und zieht sich für den Apfel-Sündenfall prompt die gerechte Strafe zu: Es fällt ins Wasser. Sagten unter den Sechsjährigen Kindern noch 86 Prozent, ohne vorausgehenden Apfeldiebstahl wäre der kleine Dieb nicht ins Wasser gefallen, waren es unter den 11 bis 12-Jährigen nur noch 34 Prozent. Piagets Mitarbeiterin Mademoiselle Rambert hörte von den Kindern zum Beispiel Folgendes:

Se (6 ½ Jahre): Wußte die Brücke, was der Junge getan hatte? – *Nein.* – Warum ist sie geborsten? – *Vielleicht weil der Donner die Brücke gesprengt hat.* – Und wußte es der Donner? – *Der liebe Gott hat es*

vielleicht gesehen und geschimpft, indem er den Donner machte. Das hat die Brücke gesprengt, und er ist ins Wasser gefallen.
Ar (6 Jahre): Wußte es die Brücke? – *Ja.* – Wie wußte sie es? – *Sie hatte es gesehen.*
Geo (7 Jahre 10 Monate): Und wenn er keine Äpfel gestohlen hätte, wäre er auch ins Wasser gefallen? – *Nein, das war seine Strafe, weil er Äpfel gestohlen hatte.* – Wußte es die Brücke? – *Nein,* (aber sie zerbrach), *weil Nordwind war, und der Nordwind wußte es.*

Diese animistischen, fast schon poetischen Kinderantworten wirken auf uns Erwachsene rührend naiv: der Donner, der Nordwind, die Brücke selbst haben's gesehen und dann gemacht, dass der Dieb ins Wasser fiel. Wie kindlich! Und dabei vergessen oder verdrängen wir leicht, wie dieselbe „Selbstbestrafungstendenz" auch in unseren erwachsenen, so rationalen Psychen wirksam bleibt.
Stirbt Shakespeare's mörderisches Ehepaar Macbeth denn nicht am schlechten Gewissen, das sich in ihren Folgefehlern ausspricht?
Hat nicht gerade der Räuberdichter Friedrich Schiller verdichtet, wie nicht der Nordwind, sondern Kraniche den von ihnen beobachteten Mord am kalabrischen Dichter Ibykos rächen? „Sieh da, sieh da, Timotheus, die Kraniche des Ibykus" verplappert sich einer der Täter angesichts der Kraniche, die am blauen Himmel übers Stadion ziehen, und schnell folgt dem Selbstverrat das Gericht: *„Man reißt und schleppt sie vor den Richter, die Scene wird zum Tribunal, Und es gestehn die Bösewichter, getroffen von der Rache Strahl."*
Hatte der Nordwind, oder Gott, oder ihr schlechtes Gewissen es arrangiert, dass die Liesel, als der Hannes geschnappt war, genau in dieses Schwaben zurückkehrte, wo man nach ihr fahndete, und dort genau wegen dem Kind, das sie mit dem Matheis hatte, in die Falle ging, so dass sie am Ende wieder mit dem Hannes im selben Gefängnis saß, fast genau so wie damals in Oberhausen, wo sie, gemäß Hannes' bitterer Aussage vom 18.12.1786, „von ihren Kindern geloffen und diese ganz verlassen" hatte?
Ihr letztes, am 3.September 1779 geborenes Kind hatten die Gassners auf den Namen Meinrad getauft. Meinrad hieß der gütige Abt des Klosters Wiblingen, wo die Ebners dreimal (1741, 1745 und 1747) zur Taufe ihrer zwei Kinder hingezogen waren, und den Klosterbesuch 1747 dürfte die kleine Lis schon bewusst und dankbar mitbekommen haben. Der Namenspatron des beliebten Abtes jedoch, der heilige Meinrad, war der Gründer eines noch wichtigeren Reisezieles der Gassnerin. Die Meinrad-Legende ist quasi Ibykos im Schweizer Wald.

Dort hatte der Einsiedler Meinrad nämlich eines Tages in einer Tanne ein Nest gesehen, das ein Sperber bedrohlich umkreiste. Er verjagte den Sperber, und als er zum Nest hinaufstieg, fand er darin zwei junge Raben, die er sorgsam hinabtrug und mit sich nahm. Mit ihnen ging er bis zu einer Quelle, die als eiskaltes Bächlein im finstern Walde entsprang. Hier ließ er sich im Jahr 835 eine Hütte und eine kleine Kapelle erbauen, um in der Einsiedelei Gott zu dienen.

Dort lag er dann schier Tag und Nacht im Gebet vor dem Muttergottesbilde, das ihm die fromme Äbtissin Hildegard von Zürich hatte zutragen lassen. Um seine Hütte herum spielten seine zwei Raben.

Je länger er dort die Einsamkeit suchte, desto mehr Besuch von Wallfahrern bekam er. Unter ihnen eines Tages auch, in der Hoffnung auf Beute, zwei Landstreicher, die er freundlich bewirtete. Sie dankten es ihm schlecht und schlugen ihn tot – und erschraken, als nun die zwei Raben St. Meinrads wie wild krächzten, um sie herumflatterten und ihnen hartnäckig folgten, als die Mörder nach Zürich flohen. Dort glaubten sie endlich, sie hätten die schwarzen Vögel abgeschüttelt, gingen in eine Wirtschaft und wollten schon zu lachen anfangen über ihre gehabte Angst. Doch plötzlich schoß das treue Rabenpaar durchs offene Fenster auf die Mörder los, und das bedünkte die andern Gäste gar seltsam. Sie nahmen die beiden Räuber fest, und siehe, bald erkannte man in den zwei Vögeln die Raben des Heiligen im Finstern Walde. Die Mörder gestanden ihre Untat und büßten auf dem Rad.

Den heiligen Meinrad aber begrub man in der Wildnis, wo später das Kloster Maria Einsiedeln gebaut wurde, mit einer Gnadenkapelle am Ort von Meinrads Klause mit Kapelle.

Und sicher kannte die Schwarze Lies, deren Mutter man schon die schwarze Lies und deren Vater man den schwarzen Hannes genannt hatte, diese mit ihrem Innenleben wohl vielfach verbundene Legende, denn auf dem Einsiedler Wappen sind zwei Raben abgebildet.[151]

Das Jüngste Gericht

„An jenem Tage, da der Körper zerbrechen wird und die Seele sich von ihm lösen will, da ist es dem Menschen verstattet zu schauen was er nicht schauen durfte, solange seine Körperlichkeit mächtig war, und da gelangt er zur Klarheit." So steht's im Zohar, und weiter: „Drei Boten stehen vor ihm und halten Rechnung über seine Tage und seine

---

151 Eltern der Gassnerin: Verhör vom 16.Oktober 1787, Foshag, p.391; Legende: Meinrad Lienert, Schweizer Sagen und Heldengeschichten, Stuttgart 1915; zitiert nach www.sagen.at/texte/sagen/schweiz ... meinrad.html.

Sünden und alles, was er in dieser Welt getan."[152]

In Bregenz am Bodensee gab man Theater schon lange vor den heutigen Festspielen, und auch die Gassnerin zog es da hin, spielte man doch etwas, das sie vital interessierte. „Etliche Seidene Fleck von zerschiedenen Farben, gegen 12 Ehlen schwarze flor Spitz, nebst ungefehr 20 Ehlen SchnierRühmen", außerdem „8 fl Geld an Kupfer Kreuzer" aus einer Tasche: Mit dieser Beute vom österlichen Jörgen Markt in Isny, „miteinander gleichlichen getheilet", seien die Marian und sie „von Jsne durch den Wald auf Stetten unweit Bregenz gegangen, woselbsten eine Komedie gewesen, und sie mit dieser Gelegenheit sehen wollen, ob nichts zu bekommen seye."

Nachfrage des Amtmanns: Ob sie der Komedie beygewohnet habe?

„Ja, die Persohn habe müssen 3 xr für den Eingang bezahlen, und weilen man das jüngste Gericht gespielet, so habe weeder sie noch die Marian sich getrauet mehr etwas zu stehlen."

Ob sie dieses Spiel zur Warnung genommen habe?

„Sie wünschte, dass sie es zur Besserung genommen hätte, allein habe sie solches bald wieder in Vergessenheit gesezet, und sich wiederum auf das Liederliche Leben verleget."

So bekannte sie am 31.Oktober 1787, und genau fünf Monate später, am 31.März 1788, mit neuer Reue und klarerem Blick auf ihre reale Lage: „Es seye eine Forcht, was sie gestohlen, könne aber auf ihr Gewissen nehmen, dass sie nicht einen Kreuzer jemanden aufzuheben gegeben. Sie könne deswegen ruhig leben oder sterben."

Wer jemals bestohlen wurde, weiß, wieviel Schrecken, Kummer, Wut die Gassnerin in ihrer Laufbahn verursacht hat. Und nicht als weibliche Robin Hood! Denn zwar bestahl sie eher Leute mit vollen Taschen, aber ihre Art der Umverteilung zielte (abgesehen von ihrer eigenen Mischpoche) nicht auf die unterdrückten und enterbten underdogs. Trotzdem soll an dieser Stelle ein zwar sympathisierendes, aber gerechtes Plädoyer versucht werden, nach dem simplen Prinzip: Gleiches Recht für alle, ohne Ansehen der Person.

Das bedeutet zunächst, das Recht auf körperliche Unversehrtheit zu respektieren. An Gewalttaten war die Lis nur insofern beteiligt, als sie draußen Schmiere stand bei zwei Überfällen, in deren Verlauf ihre männlichen Kumpane drinnen zwei Frauen recht unsanft behandelten und eine von ihnen mit der Pistole bedrohten. Im Vergleich zu den Gewaltexzessen etwa eines Schinderhannes[153], vor allem auch dessen

---

152 Müller, p.171.
153 vgl. Fleck, p.242 ff.

Folterung von Opfern zwecks Preisgabe von Geldverstecken, wirkt die Lady Lis beinah als Gentlewoman. Sie selbst wurde in Dischingen, von Prügelstrafen und Nahrungsentzug abgesehen, niemals gefoltert, jedoch völlig desproportional durch einen tödlichen Gewaltakt bestraft, während der seine Landeskinder zu Tausenden als Soldaten verkaufende Herzog Karl friedlich im Bett starb. Ein anderer männlicher und ordnungsliebender Schwabe, der Polizeihauptmann und Oberst des Landjägerkorps Günthert, charakterisiert die weibliche Kriminelle – und indirekt sich selber – noch 1874 so: „Damals war sie mit einem Manne, Johann Gaßner, längst verheiratet, Mutter mehrerer Kinder, zweier Mädchen und zweier Knaben, was sie jedoch nicht davon abhielt, in wilder Diebsfreiheit herumzuschwärmen, die eigene bestialische Lust zur verworrenen Richtschnur nehmend."[154]

Wer würde von bestialischer Lust sprechen bei einem Herzog von Württemberg, der, obwohl verheiratet, 77 femmes à côté mit seinen Söhnen beschenkt? Wie wären Gassnerin und Herzog im Vergleich zu beurteilen, wenn man die Frage „Cui bono?" („Zu wessen Nutzen?") des römischen Rechts auf beide applizierte?

In Einklang mit der jüdischen Lehre, „dass in der kommenden Welt jede Person sich für jeden legitimen Genuss verteidigen muss, auf den sie verzichtet hat",[155] konnte die Gassnerin sich zu guten Zeiten leisten, in Gasthäusern zu logieren, auch da und dort zu tanzen und zu singen, in Memmingen „ein paar Maß Bier" oder in Weingarten „eine halb Maas Wein" zu trinken.[156] Und damit hat sich's schon von wegen Luxusleben. Sie beging ihre Eigentumsdelikte vor allem zum Nutzen ihrer Kinder, und diese hatten ihr sehr konkretes bonum davon. Zwar starben drei ihrer sieben Kinder erster Ehe schon in frühem Alter, aber vier überlebten, und mit dieser Sterblichkeitsrate „drei von sieben" (43 %) liegen die Gassner-Kinder weit unter der normalen Kindersterblichkeit im Biberberg ihrer Zeit, die Silja Kai Foshag mit mehr als zwei Dritteln aller Geborenen (67,04 %) vor Erreichen des 16.Lebensjahres eruierte.[157] Dies wohlgemerkt in einer Zeit, wo Eltern eine abhärtende Erziehung als angemessene Vorbereitung für das Leben sahen, in einer Gegend, wo Kinder noch im 20.Jahrhundert beim Kühehüten vom einen noch warmen Kuhfladen zum nächsten

---

154 Günthert, Erinnerungen eines Schwaben. Zeit- und Sittenbilder aus den letzten und ersten Tagen des 19. und 18.Jahrhunderts. 2 Bände, Nördlingen 1874/77, Bd.2, p.153 f. (nach Wiebel in Blauert/Schwerhoff, p. 795 f.
155 Greenberg, p.111.
156 Tanzen: Verhör vom 16.Okt. 1787; Bier in Memmingen: Verhör 29.Okt.1787; Wein in Weingarten: Verhör 16.Okt 1787, Foshag p.392.
157 Foshag, p.107.

hüpften, weil sie bis November barfuß zu laufen hatten;[158] in einem Milieu, welches Avé-Lallemant unter „deutsches Gaunertum" so beschreibt: „... in einem elenden Bett mit Lumpen bedeckt ... zu den Füßen einen in Lappen gehüllten halbverkommenen Säugling ... Neben dem Bett ... drei Kinder ... mehr nackt als mit Lumpen verhüllt ...".[159] In seinem Buch „Hört ihr die Kinder weinen?" schreibt der Kindheitsforscher Lloyd deMause: „Die Geschichte der Kindheit ist ein Albtraum, aus dem wir gerade erst erwachen. Je weiter wir in der Geschichte der Kindheit zurückgehen, desto unzureichender wird die Pflege der Kinder, die Fürsorge für sie."[160] In diesem humanen Aufwachen scheint die Gassnermama, als Schuldige „solch enorm vieler Freveltaten, die fast alles Gefühl der Menschlichkeit übersteigen, die ihr den Ruf einer verwegenen und verläumten Diebin zugetragen haben"[161] ihrer Zeit rein menschlich um einiges voraus.

Bezüglich dieser Zeit sind sich Historiker nämlich einig, „dass der Sold eines einfachen Soldaten, wie Johannes Gassner es war [und auch der Vater seiner Frau und deren Bruder Martin], nicht zur Unterhaltssicherung einer ganzen Familie ausreichte". Auch wenn Soldat Gassner ein Entlassungsgeld bekommen haben sollte, ist sicher, „dass die Gassner'schen Mittel im Jahr 1770 bei weitem nicht ausreichten, um davon Haus- oder Grundbesitz zu erwerben"; die Strickarbeiten der Gassnerin brachten nur ein kleines Zubrot; 400 Paar Strümpfe, so rechnet Silja Kai Foshag aus, hätte sie jährlich stricken und verkaufen müssen, um ihre Familie davon zu ernähren.[162]

Im Jahr 1780 beglich Johannes Gassner den Kaufpreis eines zusätzlichen kleinen Ackers von ½ Jauchert „offenbar aus der Beute einer ganzen Reihe von Diebstählen, zu denen er Elisabeth rund 14 Tage zuvor ausgeschickt hatte."[163] Sesshaft zu werden war ihr Ziel, nicht „in wilder Diebsfreiheit herumzuschwärmen", wie der gutbestallte Polizeihauptmann romantisiert. Der ebenfalls gut beamtete Autor des vorliegenden Textes kann sich zwar damit brüsten, von ihrem und seinem Heimatort aus auch die am weitesten entfernten Reiseziele der Gassnerin, nämlich Einsiedeln und Bozen, zu Fuß erwandert zu haben

158 Wimschneider, passim; vgl.: Das Schicksal der Bündner Schwabenkinder, swissinfo.ch.
159 Avé-Lallemant, F.C.B.: Das deutsche Gaunertum in seiner sozialpolitischen, literarischen und linguistischen Ausbildung zu seinem heutigen Bestande. München/Berlin 1914/Wiesbaden 1998, Abt.3, p.2 (n.Foshag, p.96).
160 deMause, p. 12.
161 Pflug, p.262.
162 Foshag, p.60, 87 und 91.
163 Foshag, p.104.

– aber in warmen Sommertagen, mit ergonomischem Rucksack, weichen Wanderschuhen, Hightech-Regenkleidung, Kreditkarte und Urlaubsgeld zusätzlich zum Beamtengehalt. Für die Gassnerin war ihre Ware die Hauptlast, das Stricken von Strümpfen[164] ihr Zeitvertreib in Marschpausen. An Stricknadeln übte sie die Fingerfertigkeit, die ihren Kindern einen Überlebensvorteil gab im Vergleich zu anderen ihrer Schicht und Zeit.

Als Soldaten- und Vagantenkind, als Frau und Analphabetin, als genetisch „Schwarze" und als achtfache Mutter wusste die Gassnerin sehr körperlich, was „von Geburt" in ihrer Zeit bedeutete. Gegen die lebenslange Existenz als Paria durch Hineingeburt in eine niedere Kaste protestierte sie lebenslang, mit ihren bescheidenen Mitteln, nämlich geschickten Händen und einer vifen Intelligenz, mit der sie heutzutage fast alles werden, womöglich gar so hoch fliegen könnte wie eine Angela Merkel, geb. Kasner, die freilich in einem sozialistischen Schulsystem aufwuchs. Die gute alte Schulordnung Westdeutschlands dagegen separiert noch heute, wie schon in einem Schulplan von 1739, „1. die studierende Jugend, 2. die nichtstudierende Jugend, die aber doch kein gemeiner Pöbel werden soll, 3. die gemeine deutsche Jugend, das sind die schlechten Bürger- und Bauernkinder".[165] Plus die Migrantenkinder. Und die sind der Hauptgrund für den Fortbestand des spätfeudalen Schulsystems: „Wir wollen nicht, dass unsere Kinder länger als notwendig mit Migrantenkindern zur Schule gehen", erklärten Hamburger Mittelschichteltern, die den Aufschub der Aussortierung von der vierten in die sechste Klasse per Volksentscheid erfolgreich verhinderten.[166] Wer hier als Kind von Mittelklasse-Akademikern zur Welt kommt, hat mehr als sechsmal bessere Chancen, auf's deutsche Gymnasium zu dürfen, als – bei gleicher Begabung, wohlgemerkt – der Sohn eines Arbeiter- oder Migrantenpaares. Das Abitur schafften im Jahr 2003 vierzig von 100 eingesessen deutschen, aber nur zehn von 100 Migrantenkindern, die somit schon zum Beginn ihrer Biographie rassistisch „unterschichtet" werden.[167] Erfolglos forderte der UN-Kommissar Vernor Muñoz Villalobos (Costa Rica) wiederholt eine Strukturreform des „extrem selektiven" deutschen Bildungswesens, das bei den Kindern „Angst und Widerstand" auslöse. Dieses System impliziere eine „ganz klare

---

164 Foshag, p.441: „und etliche floretseidene Halstücher gestohlen, ... um den Erlöß aber wiederum Baumwoll zum Stricken angeschaffet".
165 Rosenberger, p.37.
166 Antje Berg in Südwestpresse, Ulm, 19.07.2010.
167 Güler, p.67 bzw. 73.

Verknüpfung" von sozialer Herkunft und Bildungserfolgen. Die Resultate der Schüler würden „durch das System aufgezwungen, und nicht durch das Potential des Kindes". Die frühe Aussortierung benachteilige besonders die Kinder von Migranten.[168] „Vor 100 Jahren", bemerkte der SPD-Politiker Christoph Ehmann, „galt diese Ausgrenzung, die heute die Muslime trifft, auch noch für Juden."[169] Die Gassners waren Migranten nicht nur im Sinne physischer Mobilität. Nach Lage der Indizien waren ihre Vorfahren, womöglich auf der Flucht vor den Chmielnitzky-Pogromen (1648-1656), aus der extrem lernorientierten jüdischen Kultur in die christliche emigriert, welche die Seligkeit der Armen im Geiste betonte. Wie jener alte Jude, den der Berditschewer Rabbi ehrte, weil er „sein halbes Leben in die Armee des Zaren gepresst war und darum statt Beten nur das Alef-Bet aufsagen" konnte, hatten sie die jüdische Heimat in der Schriftkultur verloren, christliche Heimat auf eignem Landbesitz nur spät und kurz gewonnen. Während schon zu Jesu Lebzeit die Rabbiner alle Gemeinden aufforderten, öffentliche Schulen für Kinder von sechs bis sieben Jahren einzurichten und im zwölften Jahrhundert ein Mönch und Schüler des großen Abaelard bemerkte, „ein Jude, wie arm er auch sei, wird, wenn er zehn Söhne hat, sie alle die Schriften lehren, und nicht nur seine Söhne, sondern seine Töchter",[170] war die Lis Analphabetin geblieben. Ihre Gulden ergaunerte sie, indem sie die Handfertigkeit der geübten Strickerin verband mit der Beobachtungsgabe jüdischer Psychologen und mentalen Merkmalen, die Yirmiyahu Yovel bei hoch gebildeten Nachkommen der Conversos findet, die zur Zeit der reyes católicos zwangsgetauft wurden:

- „Betonung mehr dieser Welt als der nächsten als Zentrum der Existenz und Aufmerksamkeit";
- kulturelle und religiöse Ruhelosigkeit, Skeptizismus und Heterodoxie, Widerstand gegen Religion als zwingendes Machtsystem;
- einen „relativen Kosmopolitismus, Interesse an neuen, weiteren Horizonten – sowohl geographisch als anthropologisch";
- Sinn für „Ironie und Selbstironie ... und Spiele mit Zweideutigkeiten".[171]

---

168 Zeit online, 22.03.2007, zeit.de/2007/13/C-Bildungsbericht; Frankfurter Allgemeine Zeitung, 21.02.2006, faz.net/.
169 Christoph Ehmann (MdB-SPD): Ausgrenzung und Selektion in der Bildung. Tageszeitung (taz), Berlin, 16.12.2009.
170 Smalley, Beryl: The Study of the Bible in the Middle Ages, p.52 (Prager/Teluschkin, p.32).
171 Yovel, p.338 f.

In ihren fingerspitz-gefühlvollen Tiefenanalysen der Westentaschen von Klerikern und Adligen, in ihren ruhelosen, beinahe täglich grenzüberschreitenden Wanderungen, ihrem schelmenhaften Austricksen der Obrigkeiten realisierte die Analphabetin ihr Leben fast im Stil einer Pícaro-Novelle: à la Don Quijote *de La Mancha*, la Dona Lisa *von dem Flecken* Biberberg. So wie der Marrano Cervantes mit seinem Anti-Helden im Gespann mit Diener Sancho Pansa den windigen Dünkel des dekadenten spanischen Adels angreift, nämlich jener Hidalgos (von *„hijo d'algo"*, *Sohn von Etwas* von Bedeutung), die Arbeit prinzipiell als entwürdigend empfanden, so bringt die pícara Lisa einen Grafen, Herzog, Zarewitsch, einen Stadtpfarrer oder Kreuzpartikel-Benefiziaten einen Handgriff lang vom hohen Ross der Ständeordnung herunter auf menschliche Tuchfühlung.

Das spanische *pícaro* bezeichnet primär einen Landstreicher, einen gemeinen Kerl von üblem Lebenswandel, den Anti-Hidalgo, der sich ohne Bildung, aber schlau durchs Leben schlägt und sich immer wieder aus brenzligen Lagen befreit. Hier endet der Vergleich brutal: mit einem Schlag des Scharfrichters – freilich nur in der Realität der Hohen Herren und ihrer Henker, in guter Leute Welt der Schwerkraft, wo Aurum neunzehnkommadreimal mehr wiegt als Humanum.

„Der Pícaro ist für die Gesellschaft der radikal Andere", meint Yovel. Für Yehuda Bauer, der mit 90 (heute ist er 101) noch ein Buch über „Das unmögliche Volk" schrieb, bestand das Anderssein der Juden durch die Zeiten primär in drei Grundsätzen nonkonformer Chuzpe: 1. Alle Menschen sind frei; 2. Alle Menschen sind gleich; 3. Alle Menschen haben das Recht, die Macht zu kritisieren. Und Bauer fügt hinzu: „Wenn die Völker der Antike diese drei Prinzipien übernommen hätten, wären ihre Reiche zusammengebrochen."[172] Während Yovel belegt, dass die iberischen Conversos, „frei von vielen mentalen und normativen Verklemmtheiten, die das christliche Spanien bremsten, ... schon nach ein, zwei Generationen in den Ratsversammlungen von Kastilien und Aragon, in königlichen Beratungs- und Verwaltungsämtern, in militärischen und nautischen Kommandos und in jedem kirchlichen Rang von Pfarrer bis Bischof und Kardinal zu finden waren", fasst der Historiker Angel Alcalá zusammen, dass die Mehrheit der Literaten und Mystiker in Spaniens „Goldenem Zeitalter" Conversos waren.[173] Eine große Mystikerin wie die Converso-Tochter

---

172 Bauer, Yehuda: „Anti-Semitism as European and World Problem", in: Patterns of Prejudice, Vol.27 n°1, London 1993, p.15-24; nach Jayme Fucs Bar, in judaismohumanista.ning.com, 26.02.2013.
173 Yovel, p.62 und 241 f.

Theresia von Avila konnte die Elisabeth von Biberberg nicht werden, da sie nie zur Schule ging, nie einen Volksschullehrer hatte wie den Ferdinand Ebner (1882-1931), der philosophisch Gabriel Marcel (Sohn jüdischer Eltern), Franz Rosenzweig und Martin Buber „fast unheimlich" nahe stand. Ein moderner IQ-Test hätte bei der Lis wohl eben das ergeben, was ihr studierter Zeitgenosse Friedrich von Gentz (1764-1832) – für Poliakov „eines der besten politischen Hirne seiner Zeit" – den schlauen Schwarzen (vor dem großen „*aber*") so zuweist: „Intelligenz – das ist die Todsünde der Juden. Alle von ihnen sind mehr oder weniger intelligent; *aber* lass nur einen geboren sein, in dem ein Funken Herz, ein Funken wahrhaften Gefühls sich findet! Der Fluch, der über sie gesprochen ist und der sie verfolgt bis zur zehntausendsten Generation ist, dass sie die Sphäre der Intelligenz niemals verlassen können ... sondern endlos in ihr kreisen müssen, bis ihre schwarzen Seelen absteigen zur Hölle."[174]

Den Rest des Plädoyers für die Schwarze Lis überlasse ich dem jüdischen Schreiner Mordechai Gebirtig (erschossen 1942) mit seinem Lied vom Avreiml. Denn Avreiml wie Liesel sind, in den Worten von Michel Foucault, „einzigartige Leben, die – ich weiß nicht, durch welchen Zufall – befremdende Gedichte geworden sind."[175]

On a heim bin ich jung gebliben	Ohne Heim bin ich jung geblieben
s'hot di nojt mich arojs getriben	Es hat die Not mich heraus getrieben
wen ich hob noch keyn dreizen jor gehat	als ich hab keine 13 Jahr gehabt.
in der fremd, wajt fun mames ojgen	In der Fremde, weit von Mutters Augen
hot in schmutz mich di gas dertzojgen	hat im Schmutz mich die Gass' erzogen.
gevorn is fun mir a vojler jat.	Geworden ist aus mir a feiner Knab.
Ich bin Avrejml der feikster marvicher	Ich bin Avreiml, der fähigste Sacklanger
a grojser kinstler, ich arbet lajcht un sicher	ein großer Künstler, ich arbeit leicht und sicher.
dos erschte mol, ch'vel's gedenken bisn tojt	Das erste Mal, werd's nicht vergessen bis zum Tod
arajn in tfise far lakchenen a brojt, oj, oj	war ich im Knast weil ich geklaut hab bloß a Brot, oj, oj.
For nischt ojf markn, wi jene proste jatn	Fahr nicht auf Märkte, wie normale Kriminelle
tsip nor baj karge schmutsike magnatn	beklau nur stinkgeizig reiche Industrielle
bin sich mechaje ven ch'tap asa magnat	bin froh wenn ich von so Typen etwas tap.
ich bin Avrejml, gur a vojler jat.	Ich bin Avreiml, ganz ein feiner Knab.

174 Poliakov 2003, Bd. III, p.296 f.; eine „fast unheimliche Nähe" erkannte Buber zwischen sich und Ebner (zitiert nach kath-info.de/ebner.html).
175 Michel Foucault: Das Leben der infamen Menschen, in: Tumult. Zeitschrift für Verkehrswissenschaft 4 (1982), p.41-47, hier 41. Zitiert nach Eva Wiebel in Blauert/Schwerhoff, p.800.

In der fremd, nischt gehat zum lebn	In der Fremd, nichts gehabt zum Leben
gebetn brojt, an ormer flegt noch gebn	gebettelt Brot, wer arm ist, pflegt zu geben.
nor jene lajt wos senen tomid sat	Nur jene Leut', deren Bauch ist immer satt
flegn oft trajbn mich mit zorn	pflegten zu verjagen mich im Zorn.
s'vakst a ganev, s'is mekujem geworn	Da wächst ein Gauner, isser schon gewor'n!
a ganev bin ich, nor a vojler jat.	Ein Gauner bin ich, ganz a feiner Knab.
Ich bin Avrejml der feikster marvicher	Ich bin Avreiml, der fähigste Sacklanger
a grojser kinstler, 'ch arbet lajcht un sicher	ein großer Künstler, ich arbeit leicht und sicher
A yat a klainer arajn in kotschement	als kleiner Bub hinein ins Strafregiment
Arojs a Massik, a seltener talent, oj, oj	heraus als Magier, a seltenes Talent, oj oj
'ch'for nischt ojf markn wi jene proste jatn	Fahr nicht auf Märkte, wie normale Kriminelle
'ch'tsip nor baj karge schmutsike magnatn	beklau nur stinkgeizig reiche Industrielle
c'hab lib a mentsch a mildn, a nash-brat	mag liebe Menschen, die milden, die nash-brat [slawisch „unser Bruder"].
ich bin Avrejml, gur a vojler jat.	Ich bin Avreiml, ganz a feiner Knab.

Shojn nisht lang vet dos shpil gedojern	Nicht mehr lang wird das Spiel noch dauern
krank fun klep, gicht fun tfise mojern	krank vom Knast, die Gicht von feuchten Mauern
nor ejn bakoshe, ch'volt azoj gevolt	nur eine Bitte hätt ich noch gewollt:
noch majn tojt in a tog a tribn	Nach mei'm Tod an einem Tag, 'nem trüben
zol ojf majn matsejve shtejn geshribn	soll auf meinem Grabstein steh'n geschrieben
mit ojsjes grojse un fun gold:	in großen Buchstaben und zwar ganz in Gold:
Do ligt Avrejml der feikster marvicher	Hier liegt Avreiml, der fähigste Sacklanger.
a mentsch a grojser gewen wolt fun im sicher	A großer Mensch wär geworn aus ihm ganz sicher
a mentsch u fajner mit hartz, mit a gefil	a Mensch, a feiner mit Herz und mit Gefühl
a mentsch a rejner wi got alejn nor wil, oj, oj	a Mensch a reiner wie Gott allein nur will, oj, oj.
wen iber im wolt gewacht a mames ojgn	Wenn über ihm hätten gewacht zwei Mutteraugen
wen s'wolt di fintstere gas im nischt dertzojgn	statt dass die finstere Gass hätt ihn erzogen
wen noch als kind er a tatn wolt gehat	wenn er als Kind einen Vater hätt' gehabt!
do ligt Avrejml, jener vojler jat.	Hier liegt Avreiml, ganz a feiner Knab.[176]

Himmelsschlüssel

Als ich im Jahr 1986 in der Schülerversion die Lis alias Heidi Sailer den Schlüssel zur Himmelstür klauen ließ, wusste ich nicht, dass es solche im Heimatort der Lis tatsächlich gab. Da ihrer Biberberger

---

176 Zitiert nach: lyricstranslate.com/en/avraham-pickpocket-lyrics.html.

Nachbarin Maria Anna Klozin (*1766) als mütterlicher Erbteil neben Kleidung und Bettwäsche auch „3 Schöne Rosenkränz, samt einem neuen Himmelsschlüssel" zustanden,[177] mag die Lis durchaus auch einmal einen solchen Schlüssel – was auch immer er aufzuschließen diente – gestohlen haben.

Als ich diese Schülerversion mit der Jüngsten Gerichtsverhandlung glücklich enden ließ, wusste ich noch nichts von meinen jüdischen Vorfahren in direkter mütterlicher wie väterlicher Linie. Umso seltsamer ist, wie stark mein damaliges Konzept der „nachtodlichen Gerichtsverhandlung" mit der jüdischen Lehre über die letzten Dinge übereinstimmt. Als Zaddik (Gerechter) galt zum Beispiel der anno 1717 geborene und am 11.März 1787 gestorbene Elimelech von Lisensk, von dem Martin Buber erzählt: „Ich bin sicher, der kommenden Welt teilhaftig zu werden", sagte Rabbi Elimelech. „Wenn ich vor dem obern Gericht stehe und sie mich fragen: „Hast du nach Gebühr gelernt?" werde ich antworten: „Nein" – „Hast du nach Gebühr gebetet?" – „Nein." – „Hast du nach Gebühr Gutes getan?" – „Nein." Da sprechen sie das Urteil: „Du sagst die Wahrheit. Um der Wahrheit willen gebührt dir ein Anteil an der kommenden Welt." Die kommende „ewige Höllenpein" dagegen sei die Erfindung derjenigen, die selber „im tiefsten Grunde ihres Herzens nicht vergeben können", meinte Österreichs „ergreifendste Denkergestalt zwischen zwei Weltkriegen", nämlich Lis' Namensvetter Ferdinand Ebner. Und in Rabbi Yonassan Gershoms Beschreibung wird das Jüngste Gericht fast zur Theaterszene: „Im Judentum gibt es keine ewige Verdammnis, weil jeder Mensch, ganz gleich wie böse er war, irgendwo auf der Welt etwas Gutes getan hat, für das er am Ende belohnt werden muss. [...] Die Verhandlung selbst verläuft nach dem Muster irdischer Gerichtshöfe, mit Satan in der Rolle des Bezirksstaatsanwalts! Er kommt an mit einer langen Liste der Sünden, welche die arme Seele auf Erden begangen hat, und bemüht sich, sie zur Gehenna (Fegfeuer) verurteilt zu bekommen. Die Seele kann entweder sich selbst verteidigen oder, wie es oft der Fall ist, einen Rechtsanwalt benennen. Sehr oft ist dieser ein chassidischer Rabbi oder ein Lehrer, der die Seele verteidigt, indem er ihre guten Taten zitiert."[178]

In Joseph Roths Erzählung „Das falsche Gewicht" wird das Jüngste Gericht zum so menschlichen wie kurzen Prozess:

---

177 Foshag, p.346.
178 Buber, p.397 (leicht adaptiert); Ebner: Lang, p.118; „die ergreifendste Denkergestalt": Zitat von L.v.Ficker; Gershom: 1997, p.78; 1999, p.14 f.

„Herein kommt der große Eichmeister, der größte aller Eichmeister – so scheint es Eibenschütz. Der große Eichmeister sieht ein bißchen aus wie der Jude Mendel Singer und ein wenig auch wie Sameschkin. Eibenschütz sagt: „Ich kenne Sie ja!" Aber der große Eichmeister antwortet: „Es ist mir ganz gleich. Dienst ist Dienst! Wir prüfen jetzt Ihre Gewichte!"

Gut, mögen sie jetzt die Gewichte prüfen, sagt sich der Eichmeister Eibenschütz. Falsch sind sie, aber was kann ich dagegen machen? Ich bin ein Händler wie alle Händler in Zlotogrod. Ich verkaufe nach falschen Gewichten.

Hinter dem großen Eichmeister steht ein Gendarm mit Helmbusch und Bajonett, und den kennt Eibenschütz gar nicht. Er fürchtet sich aber vor ihm, das Bajonett funkelt zu sehr. Der große Eichmeister beginnt, die Gewichte zu prüfen. Schließlich sagt er – und Eibenschütz ist höchst erstaunt: „Alle deine Gewichte sind falsch, und alle sind dennoch richtig. Wir werden dich also nicht anzeigen! Wir glauben, daß alle deine Gewichte richtig sind. Ich bin der Große Eichmeister."

Ihr Lebenslauf, summa summarum

Geburt der Maria Elisabetha Ebnerin		~ 1742
Taufe		a) 1745, b) 1747
Kinder vorehelich:	N.N.	~ 1763 (+)
	Hansjörg	~ 1765
	Kreszenzia	~ 1767
Heirat mit Johannes Gassner		1770, 7.Juni
Kinder ehelich:	Antonius	1772, 12.Januar (+)
	Josephus	1774, 23.Juli
	Maria Jos.	1777, 11.September
	Meinradus	1779, 3.September (+)
Haft in und Flucht aus Oberhausen		1781, Februar
Beginn mit Matheis Ruttmann		1781, Spätsommer
Beraubung Graf Schenk in Ludwigsburg		1782, September
Letzte Begegnung mit Johannes		1785, Oktober
Kind mit Matheis:	Anna Maria	1786, 21.März
Verhaftung in Neuhausen auf den Fildern		1787, 26.September
Hinrichtung in Oberdischingen		1788, 16.Juli
Gesamtbilanz		?

Neue Äpfel, weit vom Baum

Und ihre Kindeskinder? Ihre Tochter Kreszenzia heiratete einen Johann Grün, dessen hoffnungsfarbener Name 7.552 in Yadvashem verzeichneten Nazi-Opfern eignete. Kreszenzias Tochter Ursula Grün heiratete einen Mann mit dem sehr deutschen Namen Ritter, mit dem auch meine Mutter geboren wurde[179] und der in Yadvashem 1.233 Einträge hat. Zu Ursulas zweiter und dritter Tochter ist der Nachname Kautmann angegeben, der in Yadvashem, abgesehen von 17.713 Einträgen unter Goutmann, nicht verzeichnet ist. Ihre erste Tochter hatte Ursula auf den für katholische Bayern ihrer Epoche gänzlich ungewöhnlichen Namen Esther getauft, und die Esther wurde durch Ehe eine Esther Geiger, wie in Yadvashem 27 weibliche Opfer heißen.

In der Bibel wurde die schöne Esther zur Retterin vor dem genozidalen Anschlag des Haman, weil Mordechai, der Hofjude des persischen Königs Ahasveros, sie an ihre Jüdischkeit erinnerte und bat, ihre gute Beziehung zum König zu nutzen. Entsprechend beliebt war Esther unter Krypto-Juden, denn indem die jüdische Königin ihre wahre Religion verbarg, um ihr Volk zu retten, wurde sie zur „archetypischen Marrana".[180] Als „Heilige Königin Esther" verehrten Krypto-Juden im portugiesischen Belmonte und in Amerika vom Südwesten der USA bis hinunter nach Brasilien übrigens die Statuen einer berühmten jüdischen Mutter, die sie vorsichtshalber in ihren Häusern aufgestellt hatten: der Heiligen Jungfrau Maria von Nazaret. „Als du nach dem Gesetz des Moses gelebt hast ... an wen hast du da deine Gebete gerichtet?" Auf diese Frage des Inquisitors in Rio de Janeiro anno 1718 gab Theresa Paes, Tochter der „Cristã Nova" Maria Rodriguez und selbst Mutter von zwei Kindern, den folgenden Bescheid: „Als ich dem Gesetz des Moses folgte, sagte ich das Pater Noster und das Ave Maria auf, indem ich mich zur Königin Esther wandte, denn man hatte mir gesagt, dass Moses Gott war und sie seine Mutter." In New Mexico erinnert sich eine Frau noch 1984, wie man das Fest der Heiligen Esther feierte: „Die Frauen zündeten Kerzen an für Königin Esther und andere Heilige ... es war hauptsächlich ein Festtag für Frauen."[181]

---

179 Ihr Vater, erzählte meine Mutter, habe öfters erwähnt, dass er in seinem Stammbaum drei Farben habe: Roth, Weiss und Schwarz (Einträge in Yadvashem: 14.006/ 55.723/ 50.949).
180 Gitlitz (p.470) zitiert hier Yerushalmi, Yosef Hayim: From Spanish Court to Italian Ghetto: Isaac Cardoso: A Study of Seventeenth-Century Marranism and Jewish Apologetics. New York 1971, p.38.
181 Theresa Paes: Wachtel, p.193; New Mexico: Liebman Jacobs, p. 62 f.; Belmonte: Gitlitz, p.117.

In Biberbergs Nachbarort Wallenhausen wurde im Sommer 1714 die kleine Magdalena Langenwalder getauft, die spätere Schwiegermutter der Lis. Aus der Hochzeit meines Bruders Norbert im Sommer 1984 in Wallenhausen ging meine zweitjüngste Nichte hervor, die im Sommer 2015 in Meßhofen, eine Gehstunde von Wallenhausen, ihren Philipp heiratete und nun Magdalena Langenwalter heißt.

Reiner Zufall, wie jede entfernte Ähnlichkeit der Lis mit Ferdinand Ebner, diesem Buber, Rosenzweig, Gabriel Marcel so nahen Christen, oder mit dessen Nichte Jeannie Ebner, die in *Literatur und Kritik* das Heft „Den Frauen eine Stimme" editierte und vom Juden Hans Weigel so geehrt wurde: „Sie erzählt von heutigen Menschen, als wären sie biblisch, und von biblischen Menschen, als wären sie heutig ... Sie arbeitet ... abwechselnd am Alten und am Neuen Testament."

Weniger zufällig war wohl die frappierende Ähnlichkeit zwischen Lis und einem Klassenkameraden meiner zwei älteren Geschwister, nämlich Sepp Gaßner, mit dem ich zum Zeltlager der katholischen Jugendgruppe gefahren und beim Sportverein Pfaffenhofen über den Fußballplatz gehetzt war. Als ich in Sepps Metzgerladen ein Plakat zu unserer Aufführung abgab und dabei mit halbem Ernst auf die Ähnlichkeit zwischen dem Chef und der Frau auf dem Plakat hinwies, erntete ich zustimmendes Schmunzeln. Ähnlich stark glich Sepps Cousin, der rechtschaffene Landwirt im Nachbarort Attenhofen, dem Johannes Gassner. In all den vierzig Jahren, die ich Sepp kannte, war er nicht nur eine Seele von einem stets hilfsbereiten Menschen, sondern auch gekennzeichnet durch große Unternehmungslust und positive Ausstrahlung. Seinen Neffen Thomas, den Sohn meines Klassenkameraden Johannes Gaßner, hatte ich bis zur vierten Klasse unterrichtet, wo er dann ans Gymnasium wechselte.

Weil ein junger Autofahrer ein paar Sekunden mit seinem CD-Spieler beschäftigt war, starb Sepp am 15.August 1994 beim Frontalcrash seines Motorrads, im selben Alter wie die Elisabeth am 16.Juli 1788. Im Spätsommer desselben Jahres wurde Sepps Sohn Stefan mein Siebtklass-Schüler, und die nächsten drei Jahre war er in einer guten Klasse ein Zentrum von Unternehmungsgeist und sozialer Einstellung. Zwischendrin, in der 8.Klasse, präsentierte ich im Geschichtsunterricht die Elisabetha Gassnerin als Beispiel der sozialen Bedingungen jener spätfeudalen, vorrevolutionären Zeit und sprach Stefan halb ernst und halb um Entschuldigung bittend darauf an, dass er ja womöglich mit dieser „Erzgaunerin" entfernt verwandt sein könnte. Nach der Schule brach Stefan seine Metzgerlehre ab und wurde erst Rettungssanitäter, dann Betreuer von Behinderten. Erst nun sagte er mir eines Tages, er habe damals nach der Geschichtsstunde zu Hause nachgefragt, und seine Familie stamme tatsächlich aus Biberberg. Nach Lektüre der Neufassung schrieb mir Stefan dankbar und scherzfrei am 1.April 2018: „Es hat auch von unserer Familie keiner was dagegen, dass man in den Büchern vorkommt. Denn, was in den Büchern über die Familie Gaßner steht, ist ein Teil unserer Familiengeschichte."

Stefan spielt im Fußball Torwart, sein Vater Joseph und sein Onkel Johannes waren – links und rechts – zu meiner Zeit die Standard-Verteidiger beim SV Pfaffenhofen.

Nate Ebner wurde mit 17 der jüngste Spieler in der Football-Nationalmannschaft der USA. Sein Vater war Direktor der jüdischen Schule in Springfield/Ohio. „Mein Vater betonte immer, dass ich jede Aufgabe stark bestehen und mich anständig aufführen solle." Da sein Vater früh starb, hat Nate Ebner seine eigene religiöse Orientierung den Großeltern anvertraut: „Sie passen auf, dass ich bei jüdischen Events auf dem Laufenden bin und meine Ursprünge nicht vergesse." Und Ebner legt Wert darauf, dass auch seine Mutter eine vitale Rolle dabei spielte, ihn zu motivieren und in allem, was er tut, das Beste zu geben. „So wie meine Mutter und mein Vater mich erzogen", sagt der *phänomenale* Spieler bedächtig, „da gab es kein Aufgeben und kein Jammern. Wenn ich's nicht machte, musste jemand anders ran."[182]

Ebner Phenoms: Oben Lis mit Nate in zweierlei Outfit, unten Ferdinand der Philosoph und Jeannie die Poetin.

---

182 Matt Robinson: Football Phenom Nate Ebner Sticks to His Strong Values. In: Jewish Journal, 9.Juli 2015 (boston.forward.com).

Quellen

A. Bücher

Blauert, Andreas /**Schwerhoff**, Gerd (Hg): Kriminalitätsgeschichte. Beiträge zur Sozial- und Kulturgeschichte der Vormoderne. Konstanz 2000.

Brecht, Bertolt: Gesammelte Gedichte. Frankfurt am Main 1976.

Buber, Martin: Die Erzählungen der Chassidim. Zürich 1949.

Carlebach, Elisheva: Divided Souls. Converts from Judaism in Germany, 1500-1750. Yale University 2001.

deMause, Lloyd: Hört ihr die Kinder weinen? Eine psychogenetische Geschichte der Kindheit. Frankfurt am Main 1989.

Fleck, Udo: „Diebe – Räuber – Mörder". Studie zur Delinquenz rheinischer Räuberbanden an der Wende vom 18. zum 19.Jahrhundert. Dissertation, Universität Trier, 2003.

Foshag, Silja Kai: „Es seye eine Forcht, was sie gestohlen ..." Leben und Persönlichkeit der 1788 zu Oberdischingen hingerichteten „Erzdiebin" und „Landvagantin" Elisabetha Gassnerin, genannt Schwarze Lies. (Diss., Uni Potsdam); Kehl am Rhein 2017.

Gerber, Barbara: Jud Süß. Aufstieg und Fall im frühen 18.Jahrhundert. Ein Beitrag zur historischen Antisemitismus- und Rezeptionsforschung. Hamburg 1990.

Gershom, Yonassan: Kehren die Opfer des Holocaust wieder? Dornach (CH), 1997.

Gershom, Yonassan: Jewish Tales of Reincarnation. Northvale 1999.

Gilbert, Martin: The Holocaust. The Human Tragedy. Rosetta 2014.

Gilman, Sander L.: Die schlauen Juden. Über ein dummes Vorurteil. Hildesheim 1998.

Gitlitz, David M.: Secrecy and Deceit: The Religion of the Crypto-Jews. Philadelphia 1996.

Greenberg, Irving: The Jewish Way. Living the Holidays. New York 1993.

Güler, Serdal: Die Konstruktion der Anderen. Rassistische Legitimations- und Herstellungspraktiken. Diplomarbeit in Sozialpädagogik, FU Berlin 2009.

Haus der Bayerischen Geschichte (Hg): Juden auf dem Lande. Beispiel Ichenhausen. München 1991.

Heer, Friedrich: Abschied von Höllen und Himmeln. Vom Ende des religiösen Tertiär. Frankfurt und Berlin 1990.

Hertz, Deborah: Wie Juden Deutsche wurden. Die Welt jüdischer Konvertiten vom 17. bis zum 19.Jahrhundert. Frankfurt 2010.

Hilberg, Raul: Die Vernichtung der europäischen Juden. Die Gesamtgeschichte des Holocaust. Berlin 1982.

Hitler, Adolf: Mein Kampf. München 1935.

Kaye/Kantrowitz, Melanie: The Colors of Jews. Racial Politics and Radical Diasporism. Bloomington, IN 2007.

Kristianpoller, Alexander (Übersetzer): Traum und Traumdeutung im Talmud. Neuausgabe Wiesbaden 2006 (Wien/Berlin 1923).

Küther, Carsten: Räuber und Gauner in Deutschland. Kritische Studien zur Geschichtswissenschaft 20, Göttingen 1976.

Küther, Carsten: Menschen auf der Straße. Vagierende Unterschichten in Bayern, Franken und Schwaben in der zweiten Hälfte des 18.Jahrhunderts. Göttingen 1983.

Landmann, Salcia: Jüdische Anekdoten und Sprichwörter. München 1976.

Lang, Bernhard: Himmel und Hölle. Jenseitsglaube von der Antike bis heute. München 2009.

Liebman Jacobs, Janet: Hidden Heritage. The Legacy of the Crypto-Jews. Berkeley / Los Angeles / London 2002.

Maller, Allen S.: God, Sex and Kabbalah. Los Angeles 1983.

Miller, Alice: Du sollst nicht merken, Frankfurt am Main 1981.

Müller, Ernst (Hg): Der Sohar. München 2009.

Nazario, Luiz: Autos-de-Fé como Espetáculos de Massa. São Paulo 2005.

Pflug, Johann Baptist: Aus der Räuber- und Franzosenzeit Schwabens. Die Erinnerungen des schwäbischen Malers 1780-1840, neu herausgegeben von Max Zengerle. Weißenhorn 1966.

Perera, Victor: The Cross and the Pear Tree. A Sephardic Journey. London 1995.

Piaget, Jean: Das moralische Urteil beim Kinde. Frankfurt a.M. 1973.

Poliakov, Léon: The History of Anti-Semitism. Philadelphia 2003.

Prager, Dennis / **Telushkin**, Joseph: Why the Jews? The Reason for Antisemitism. New York 2003.

Rohrbacher, Stefan / **Schmidt**, Michael: Judenbilder. Kulturgeschichte antijüdischer Mythen und antisemitischer Vorurteile. Reinbek 1991.

Rosenberger, Erich: Schulsystem im Kollaps. Plädoyer für eine neue Schule. Remshalden (Selbstverlag, 3.Auflage) 2005.

Roth, Cecil: A History of the Marranos. New York 1974.

Rottenberg, Dan: Finding Our Fathers. A Guidebook to Jewish Genealogy. Baltimore 1998.

Scholem, Gershom: On the Mystical Shape of the Godhead. Basic Concepts in the Kabbalah. New York 1991.

Schuster, Peter: Verbrecher, Opfer, Heilige: Eine Geschichte des Tötens 1200-1700. Stuttgart 2015.

Schützenberger, Anne Ancelin: The Ancestor Syndrome. Transgenerational Therapy and the Hidden Links in the Family Tree. New York 1998.

Schweitzer, Albert: Aus meiner Kindheit und Jugendzeit. München 1927.

Singer, Kurt: Die Schulkatastrophe. Weinheim und Basel 2009.

Szondi, Leopold: Schicksalsanalyse. Wahl in Liebe, Freundschaft, Beruf, Krankheit und Tod. Basel 2004.

Wachtel, Nathan: The Faith of Remembrance. Marrano Labyrinths. Philadelphia 2013.

Wimschneider, Anna: Herbstmilch. München 1984.

Yovel, Yirmiyahu: The Other Within. The Marranos: Split Identity and Emerging Modernity. Princeton und Oxford 2009.

B. Bilder

p.4   Foto Leo Ebner, mit freundlicher Genehmigung von Yad-vashem Archives, Jerusalem.

p.7-8 Porträts Johannes und Elisabeth Gassner: Ulmer Museum, Fotograf Oleg Kuchar, mit freundlicher Genehmigung.

p.36   Oben: Tod des Hofjuden Lippold im Jahr1573. Detail aus einem Einblattdruck des späten 16.Jahrhunderts: bpk Bildarchiv Preußischer Kulturbesitz, mit freundlicher Genehmigung. Unten: Representação de um Auto da Fé, Lithographie aus: Lavallée, J., História completa das Inquisições, Lisboa 1822, p. 208. Mit freundlicher Genehmigung der Biblioteca Nacional de Portugal (purl.pt/13105/3/).

p.91   Nate Ebner, courtesy Jewish Journal, Boston; Ferdinand und Jeannie Ebner: Internationale Ferdinand-Ebner-Gesellschaft bzw. podiumliteratur.at, mit freundlicher Genehmigung.

Alle anderen Abbildungen wurden dankenswerterweise von Wikipedia in guter Auflösung als Wikimedia Commons zugänglich gemacht und zur Verwendung freigegeben.

C. Musik

1. Me Hum Matto (trad. Melodie der Sinti und Roma; Me Hum matto, tu hum matto, hi do ... heißt übersetzt angeblich in etwa „I bin b'soffen, du bist b'soffen, er liegt unter'm Tisch ...")
Manfred Fuchs: Gypsy Jazz Step By Step. Notenbuch mit Tabulatur für Gitarre und Playback-CD (inklusive Me Hum Matto und Fuli Tschai). www.stretta-music.com.
Video/Audio: Zahlreiche Beispiele auf youtube.

2. Schto Mnje Gorje (trad. Melodie der Sinti und Roma)
LP: Häns'che Weiss Quintett: Dja Maro Drom (LP), inklusive Schto Mnje Gorje (Violine) und Fuli Tschai. (www.discogs.com)
MP3: Sto mnje gorje. Aus dem Album „Scha still" von Sibylle Kynast & Frajndelech. 2013.
Video/Audio/CD: Aviva Semadar, Chto mne gore (Gitarre/vokal)

3. Fuli tschai (trad. Melodie der Sinti und Roma)
Video/Audio:
ns-opfer-nt.jimdo.com
www.dc-musicschool.com
www.free-scores.com

4. Avreml der Marvikher (Avreml der Taschendieb)
Dichter und Komponist: Mordechai Gebirtig.
Pasternak, Velvel: The Mordechai Gebirtig Songbook. 1998.
Ros, Stephen: Klezmer Fiddle Tunes. 33 pieces for violine (English-French-German), with CD. Taschenbuch, Schott World Music, 2015.
Download Vokalnoten: www.jewishmusic.com/products/sm-yid-94s
CD: Ami Flammer/Moshe Leiser/Gérard Barreaux: Chansons Yiddish. Tendresses et Rage. (Instrumentierung: Geige, Gitarre, Akkordeon) Paris 1985/1989.
Daniel Kahn & the Painted Bird: Lost Causes, 2010.
MP3: Hilda Bronstein, Avreml der Marvikher, in: Yiddish Songs. Old and New, 2007.
United States Holocaust Museum: Daniel Kempin (Gitarre solo und Gesang) www.ushmm.org.

Alle Noten wurden vom Autor mit dem Programm MuseScore2 nach Gehör aufgeschrieben.

Generalpardon zur Rollenbesetzung

Das Stück ist so angelegt, dass es im Idealfall mit einem Ensemble von nur sechs, nämlich drei weiblichen und drei männlichen Spielerinnen auf die Bühne kommen kann. Die dafür nötigen schnellen Kostümwechsel werden erleichtert etwa durch die Perückenmode der Epoche und deren „Kleider-machen-Leute"-Spiel, und es hat durchaus Bedeutung, dass zuletzt die Marian als Advokatin gegen die Herren in Juristenroben auftritt, dass am Schluss die drei Herren draußen und die Frauen drin sind, weil die Lis das Ding zum Reinstecken geklaut hat.

Allerdings dürfte es schwer sein, drei Herren zu finden, die außer dem Schau- auch das Geige-, Gitarre- und Trompetenspiel beherrschen.

Und wenn eine große Amateurgruppe 25 (oder noch mehr) interessierte Mitglieder am Stück beteiligen möchte, eröffnet dies viele andere inhaltliche, szenische und gruppendynamische Aspekte!

Aufführungsrechte

... werden frei von Tantiemen und unabhängig von Ort und Zahl der Präsentationen erteilt, wenn zehn Prozent der Einnahmen anerkannt förderungswürdigen Projekten in den Bereichen Frauen-, Kinder-, Menschenrechte, Flüchtlinge, interkulturelle und interreligiöse Verständigung, Bildungsgerechtigkeit, Nothilfe bei Naturkatastrophen, Ökologie und Tierrechte zufließen.

Kontakt

konrig@t-online.de
kyriggenmann@gmail.com
facebook, Konrad Yona Riggenmann

Die Schwarze Lis

Rollen weiblich

a) Liesel	Garçonne	
b) Smeralda	Marquise	Madonna
c) Marian	Comtesse	Advokatin

Rollen männlich

a) Graf	Ankläger	Geiger	Sergeant	Henker	Bauer
b) Herzog	Richter	Gitarrer	Corporal	Knecht	
c) Zarewitsch	Schreiber	Maler	Trompeter	Gassner	Schmied

Stationen

Ouverture

1. **Binswangen**: Handlesen
   Lis, Marian, Smeralda, Knecht, Bauer, Wirt, Geiger, Gitarrer

2. **Ludwigsburg und Bönnigheim**: Sacklangen
   Graf, Zarewitsch, Herzog, Comtesse, Corporal, Trompeter,
   Sergeant, Lis, Smeralda, Geiger, Gitarrer

3. **Einsiedeln**: Schwarze Lis und Schwarze Madonna
   Smeralda, Lis, Geiger, Gitarrer, Maler

4. **Reutlinger Simon-Judi-Markt**: Im Dreieck
   Johannes, Lis, Matheis

5. **Oberdischingen und Kaserne**: Letztes Bild und letzter Schnaufer
   Lis, Maler, Graf, Henker, Smeralda, Musikanten, Corporal,
   Trompeter

6. **Himmelstor**: Jüngstes Gericht
   Lis, Advokatin, Madonna, Ankläger, Beisitzer, Richter, Musikanten.

Ouverture

Der Trompeter tritt vor den Vorhang, spielt die Anfangstakte von
„Üb immer Treu und Redlichkeit ..." („Ein Mädchen oder Weibchen
wünscht Papageno sich ..." aus Mozarts Zauberflöte) und zieht dann
den Vorhang auf, hinter dem sich das Ensemble postiert hat.

Smeralda Hochverehrtes Publikum!
Wir, die fahrende Theatergruppe Circulo Giocoso erbieten und be-
ehren uns, auf unserer überaus erfolgreichen Tournee durch aller
christlichen Herren Länder, nach unseren sensationellen Auftritten
an den berühmtesten Fürstenhöfen Europas, nach unseren einmaligen
Gastspielen in Verona, Milano, London, Paris und Sankt Petersburg
nun auch hier in ...
(leise hinter der Hand) ... Wie heißt das Kaff?
Nun also endlich auch hier in (Name des Spielorts) zu gastieren und
durch unsere Schauspielkunst die Herzen braver Bürger anzurühren,
auf dass die Muse Thalia ihr Füllhorn ergieße auch über einfache Leute ohne Stand und Bildung.

Comtesse Maintenant wir wollen nicht verschweigen, dass wir sind
gewöhnt zu zeigen unsere Künste nur vor dames et sieurs von Adel.

Smeralda Die Herzogin von Gorgonzola applaudierte stürmisch ...

Comtesse ... die Marchesa von Parmesano küsste uns bewegt die
Hände ...

Smeralda und die Comtesse de Camembert fiel gar in Ohnmacht,
als sie schaute zu unsere Aufführung. So dürfen wir hoffen, verehrte
Bürger von ... (man soufliert ihr nochmals den Namen des Spielorts),
mit den sanften Pfeilen unserer Bühnenkunst auch in euer innerstes
Gemüt zu treffen.

Comtesse Aus unsere umfangreiche Repertoire wir spielen heute
speziell für Sie ...

Smeralda ... und mit freundliche Genehmigung von Sittenpolizei ...

Alle Die Schwarze Liesel

Smeralda ... eine tragische Komödie in fünf Akten vom Leben und Sterben der verruchten Erzdiebin, Räuberin und Sacklangerin Elisabetha Gassnerin von Biberberg. Verfolgen sie, welch böses Ende dieses frevelhafte Weibsstück nehmen musste ...

Comtesse Betrachten Sie den Sieg der Gerechtigkeit über Sünde und Verwerflichkeit.

Smeralda Auch Kindern ist es hier und heute gestattet ...

Comtesse ... mit allergütigste Erlaubnis von Herr Bürgermeister ...

Smeralda ... der Aufführung beizuwohnen, damit sie von liederlichem Lebenswandel abgeschreckt und zu anständigen, fleißigen und bescheidenen Untertanen auferzogen werden.

Comtesse Möge unsere Drama nicht nur dienen zu Plaisir und Unterhaltung ...

Smeralda ... sondern auch zur moralischen Erbauung unseres hochgeschätzten Publikums. Jedoch, Sie alle wissen: die Zeiten sind hart und Arbeitskräfte teuer. Das hochverehrte Publikum wird deshalb gütiges Verständnis haben, wenn hier und heute alle 25 Rollen unseres Stückes – acht weibliche und 17 männliche – von nur sechs Akteuren präsentiert werden. Kleider machen Leute, und Kostüme spielen große Rolle. Die drei männlichen Akteure unseres Ensembles, nämlich Herr ...., Herr .... und Herr ....,
(jeder präsentiert sich mit charakteristischer Gestik) werden sie deshalb nicht nur in einer Szene als drei Soldaten erleben ...

(Sie ziehen Soldatenkittel an, hauen sich Mützen auf die Köpfe und warten darauf, die Hacken zackig zusammenzuschlagen ...)

Sergeant Aaachtung!

Smeralda ... sondern in einer anderen Szene auch als drei hochnoble Herren, als da wären erstens der Graf Schenk von Oberdischingen, genannt der Malefizschenk ...

Comtesse Zweitens Zarewitsch Pavel, der spätere Zar Paul I. von Russland ...

Smeralda   ... und drittens unser geliebter und liebreicher Herzog Carl Eugen von Württemberg, ein Mann von Saft und Kraft wie es sie heute leider nicht mehr gibt, ein Mann, der 77 Söhne als Früchte seiner eigenen Lende anerkannte.
Doch was ein guter Schauspieler ist, der kann in geistige Höhen hinauf, doch auch in menschliche Tiefen hinabsteigen, und so sehen Sie die selbigen drei wandlungsfähigen Akteure denn auch als malenden Musenfreund ...

Comtesse   Als gestrengen Richter ...

Smeralda   Und zuletzt als Xaver Vollmer, den Scharfrichter!

(Schnelle Rollenwechsel erst durch drei Barockperücken, dann durch Dürermütze und Malerpinsel, Richterhut, Scharfrichterkapuze).

Smeralda   Das ewig Weibliche dagegen ist weich und anmutig, es kennt keine Gewalt, und deshalb werden Sie erleben meine Kollegin und mich selber zum einen als Damen der noblesse, als Mesdames Comtesse ...

Comtesse   Zum anderen als Advokatin ...

Smeralda   Und sogar als Schwarze Madonna ...

(Schnelle Rollenwechsel durch zwei extravagante Hüte, Richterhut und Marienschleier).

Comtesse   Doch wir beide sind nur Nebenrollen. Die Haupt- und Titelrolle, die Protagonistin und tragische Heldin unseres Stückes in allen ihren Lebenstagen wird gespielt von ....
(Applaus vom Ensemble) Doch nun ertönt schon das Signal ...

(Der Trompeter spielt, leicht akzentuiert, dieselbe Melodie wie zu Beginn.)

Smeralda   ... als Zeichen für den Beginn des ersten Aktes. Dieser spielt unweit der Donau beim Städtchen Binswangen. Die Liesel ist erst 17 Jahre alt, ein junges Mädchen, und hat eine Freundin, genannt die *Näselnde Mariann*, die sie ihr Leben lang begleiten wird. Auch ich selbst werde in diesem ersten Akt eine wegweisende Rolle spielen.

(Der Maler hängt, noch mit nassem Pinsel in der Hand, das Wegweiserschild BINSWANGEN auf.)

Comtesse Man schreibt das Jahr des Herrn 1759.

Smeralda Betrachten und verfolgen Sie, wie die Liesel schon als junges Mädchen auf den schlimmen Weg geriet, welch selbiger so böse enden musste, und lassen Sie sich davon erschüttern.

Alle ab außer Lis und Marian.

1 Binswangen, im Spätsommer 1754: Handlesen

Lis kommt, die Taschen ihrer Schürze sind dick gefüllt.

Knecht (noch im Off) Halt, Jonga! Steha bleibsch!

Lis dreht sich um. Der Knecht kommt von links hinten auf sie zu, einen Grashalm kauend, dabei lässig und selbstsicher grinsend.

Lis Ach, er scho wieder. Was willsch, Junger?

Knecht Was i will? Sehen will i, was du so allz in deiner Schürze hasch. Die isch ja so dick, man könnt meinen, du wärst schwanger ... (Er fummelt an der dicken Stelle rum)

Lis Finger weg! Was glaubst denn du?

Knecht Was i glaub? I glaub, dass du da drin die schöne Frühäpfel vom Dirrabauer hascht. I hab di nämlich gseha, wie du auf den Baum gstiegen bischt. Dich und die andre Metz, die ausg'schämte, wo isch die denn hin? Aber i bin ja gar net so. I glaub, i könnt no oimol a Äugle zudrücken. Aber bloß wenn ...

Lis Wenn was?

Knecht Wenn du zu mir a bissle nett bisch.

Lis   Was willsch, du Wichser?

Knecht   I werd dir zeigen, was i bin. Die Vögel singen heut so schön, da kriegt man richtig Lust ... auf Äpfel. (Er versucht, sie zu begrapschen)

Lis   Und i hätt Lust auf ... (sie stößt ihn mit den Ellbogen weg und hat plötzlich eine schnippelnde Schere in der Hand) ... a Zipfele Wurst!

Knecht   Du pass auf!

Lis   (schreit) Marian, wo bisch denn?

Knecht   Wem schreist denn, 's kann di doch niemand höra...

Lis   Und du wirst bald niemand mehr seha, wenn i dir deine Augen auskratz.

Knecht   Ai, so rabiate Mädla mag i bsonders gern!

(Sie stößt ihn weg, versucht nach rechts vorn zu fliehen. Er greift sie am Arm und dreht sie herum, doch beim Drehen sieht Liesel, dass Marian und Smeralda kommen).

Lis   Marian! Wo bist denn gwe'n?

Marian   Will der was von dir?

(Als die beiden herankommen, trollt sich der Knecht, mit Händen in den Hosentaschen, ein Liedlein pfeifend).

Lis   Gott sei Dank, dass du rechtzeitig kommen bist.

Marian   I kenn den Strizi. Isch von Binswangen und will überall hinlangen.

Lis   Und wer ist die? A Zigeinerin?

Smeralda   Ich bin die Smeralda. Schau, da drüben am Bach stehn unsere Wagen.

102

Lis   A richtige Zigeinerin?

Smeralda   Gibts falsche auch?

Lis   Und stimmt des mit dem Handlesen?

Smeralda   Was?

Lis   Dass ihr Zigeiner einem jeden Menschen sein Leben aus der Hand lesen könnt.

Smeralda   Jede nicht, aber meiste.

Lis   Mir auch?

Smeralda   Meglich. Was du gibst mir, wenn ich sage dein Leben?

Lis   An ganz schönen Apfel. (Sie hält Smeralda einen hin, die zögert) Sogar zwei! Und no an b'sonders roten!

Smeralda   Schon gut. Aber ist gefährlich. Kann sein ich sehen a schlechte Sach in deine Hand. Dann trotzdem sagen?

Lis   Wenn's net sooo schlimm isch.

Smeralda   Gib Hand. – Nein, linke, ist näher bei Herz. Aha. Dein Lebenslin' ist schmal ... (leiser) und da ...

Lis   Was da?

Smeralda   Nichts, nichts. Ah, jetzt ich seh ... Oioi, du werden Mutter von eins, zwei, drei, ... acht Kinder ... Du machen große Reisen ... Bekommen viele, viele Geld ... Zuletzt du wirst wohnen in eine ... in eine große Haus mit viele Zimmer, und ganz zuletzt ... (Sie erschrickt, überspielt aber den Schrecken mit rascher Phantasie) Zuletzt du wirst sein hoch oben in Sonnenschein und alle Leute auf dich schauen.

Lis   Hooh – hast du's g'hört, Marian? Reich werd i und ganz hoch nauf komm i und acht Kinder krieg i und a Haus und auf mich schauen werden d'Leut ...

Marian   Wer weiß, vielleicht heirat' di amol a Märchenprinz oder a Graf und nimmt dich auf sein Schloss und schenkt dir seidene Kleider mit Samt und Gold und Edelstoi. Und alle verneigen sich (sie mimt es Richtung Publikum) und sagen „Euer Gnaden" und ... „Euer Hochwohlgeboren" ...

(Bauer, Knecht und Schmied kommen, bewaffnet).

Bauer   Gauner! Zigeiner! Stehlen wie die Raben! No koine zwoi Stund' send se im Gai und scho wed alles gstohla, was net angnaglat isch.

Smeralda   Wir nix gestohlen!

Knecht   Die beide hab i gsehen, Bauer. Die und die ... (Er zeigt auf Lis und Marian). Und dia Zigeinere g'hört wohl derzua ...

Smeralda   (zeigt ihre zwei Äpfel) Ich haben bekommen von Mädchen diese für Sagen wahr.

Schmied   Dann leeret doch mal eure Schürzentascha aus – oder müss mer euch auf da Kopf stella?

(Lis und Marian geben einen Apfel nach dem anderen heraus, der Bauer sackt sie ein; zuletzt richtet der Schmied beide Zeigefinger auf Marians allzu pralles Mieder ...)

Schmied   Ond?

(Betont widerwillig holt Marian drei letzte Äpfel aus dem Oberfach)

Bauer   Meine schöne Frühäpfel. Heut nach Mittag hab' i's brokka wolla. Jetzt will i erst mal wissen, wo ihr her sind, ihr Diebsbagasch.

Lis   Geboren bin i von Hirschfeld. Elisabeth hoiß i, mein Vater war der Johannes Ebner, a Soldat bei de Kaiserliche, ist letztes Frühjahr g'storben, und seitdem leben mei Mutter und mein Bruder auf der Walz ...

Bauer   ... und vom Diebstahl, ha?

104

Lis   Mit gstrickte Strümpf tun mir handla und mit Schuhbändel, mit Pomad die wo ich selber mach und viele andre Sachen, jeden Tag woanders. Heut sind mir auf dem Weg zum Reutenhof.

Schmied   Zum Reutenhof droba beim Wertinger Judafriedhof, wo sich alles G'sindel rumtreibt?

Lis   Mir können's uns nicht aussuchen wo mir im Heu liegen.

Knecht   Und mit wem, gell?

Lis   Mir sind anständige Mädla!

Bauer   Des ganz bestimmt, und Gott versprich. Meine Äpfel jedenfalls sind scho fertig brockat. Und wenn ihr no amol zu uns ins Dorf kommt, dann gibt's no a Tracht Blaubeer auf da nackta Arsch. I hoff, ihr hand mi guat verstanda, gell?

Knecht   An guta Blaubeerstecka hätt i scho!

Bauer   Komm Michl, mir sind dahanna fertig. Dank fürs Mitkomma, Schmiedbauer!

Schmied   Koi Ursach.

Knecht   Pfiat's euch, ihr zwoi Schätterhexla!

(Bauer und Knecht ab. Liesel setzt sich auf den Boden).

Smeralda   Mit Äpfel fängt's an.

Marian   Was?

Smeralda   Weil die Eva Äpfel hat gestohlen, hat Gott uns nausgeschmissen aus dem Paradies und uns gestraft: Im Schwitzen sollst du dein Brot essen und unter Schmerzen deine Kinder kriegen.

Lis   Alles wegen dem gotzigen Apfel. So hat's ang'fangen.

Marian   Unter Mühsal sollst du deinen Leib ernähren alle Tage deines leibeignen Lebens.

Lis   Allz wegs dem Apfel. Und wie hört's auf?

Smeralda   Dornen und Disteln werden für dich wachsen ...

Marian   Nach deinem Mannsbild wird dein Verlangen sein, er aber wird über dich herrschen und nach deinen Äpfeln grapschen.

Lis   Und wie hört's auf, frag i? Was isch am End? Und in der andra Welt? Schließt er uns dann's Paradies wieder auf?

Smeralda   Wer aufschließt? Liebe Gott? Du denkst Sachen mit deine Kopf! Aber es steht in deine Hand: Am Schluss ... (sie hebt, hinter ihr stehend, mit beiden Händen Lis am Kopf nach oben) ... am Schluss wird gehen alles, und schauen alles, nach deine Kopf.

Lis   Ui! Hasch des g'hört, Marian? Auf mei'n Kopf wird alles gucka. Obwohl, so schön bin i doch gar net, oder?

Smeralda   Hast schwarze Haar bildschöne ...

Lis   Des hört ma gern. (Sie schenkt ihr noch einen Apfel aus ihrer Rocktasche) I glaub's dir, Mariann: Von heit ab kriegt jeder Frosch von mir a Busserle, bis oiner sich verwandlat in an Grafensohn und nemmt mi auf sei Schloss und zieht mir Kleider an aus Samt und Seide, und zum Essen gibt's allz mögliche und Wein derzua ...

(Sie teilt den letzten geklauten Apfel aus ihrer Rocktasche mit der Marian und sie beginnen zu essen.
Geiger, Gitarrer und Smeralda gruppieren sich um Liesel und musizieren zur Melodie des Sinti-Liedes „Me hum matto")

Smeralda   Was das Leben dir wird geben,
steht das in der Hand?
Ob du hast viel Zores, oder gehst kappores,
endest in der Schand?
Ob du wirst sein a glückliche Mutter
mit a fleißige Mann
Oder bloß a bettelarms Luder,
steht das wirklich in deiner Hand?
Ebners Liesel, Schwarze Lis
sei klug und hab Verstand.

Geht's nach oben, wird man dich loben,
ja das weiß der Wind!
Geht dir dieses Leben ganz und gar daneben,
stirbst du wie a Hind?
Gehts gut und wirst du im Ansehen stehen
wie Comtesse Pompadour?
Oder wird man dich schlagen und plagen
und bleibst am End nur a arme Hur?
Ebners Liesel, Schwarze Lis
's liegt alls in deiner Hand.

2. Ludwigsburg und Bönnigheim, September 1782: Der große Brocken

Smeralda trifft sich mit der Comtesse am linken Bühnenrand.

Smeralda Hochgeschätzte Herrschaften, nunmehr kommen wir zum zweiten Akt des Dramas. 28 Jahre sind ins Land gegangen.

Comtesse Es ist September im Jahr des Herren 1782.

Smeralda Die Liesel ist nun 40 Jahre auf der Welt, das heißt, sie ist schon in dem Alter, wo die Schwaben gescheit werden.

Comtesse Im Jahr zuvor, als sie noch nicht war gescheut, ist sie échappé, mon dieu, davongelaufen ihre liebe Mann und ihre Kinder!

Smeralda Zwölf Jahre war sie verheiratet mit ihrem guten Mann. Doch davon später. Eine geschickte Diebin ist sie geworden, und in Vollendung beherrscht sie die Kunst, ihre Finger in fremde Taschen reinzustecken mit viel Feinsinn und Gefühl, und rauszuholen Gulden und Dukaten. Und wenn sie einmal wird erwischt, dann weiß sie immer zu entkommen. Vorbestraft ist sie durch viele Prügelstrafen, die sie stets durch gute Polsterung zu mildern sich bemüht hat.

Comtesse Und heut ist sie nun dort, wo sich getroffen hat die creme de la creme de toute l'Europe ...

Smeralda In Ludwigsburg bei Schtuagert. In den prachtvollen neuen Anlagen des Herzogs von Württemberg ...

(In Bühnenmitte entrollt der Maler ein Bild vom Ludwigsburger Schloss).

Smeralda Hier im Ludwigsburger Schloss des Herzogs Karl Eugen, jenes kraftvollen Landesvaters, welcher mit ungezählten hübschen jungen Frauen, neben deutschen auch vorzugsweise italienischen, und auch mit der einen oder anderen französischen Mätresse ... (Sie zeigt dezent auf die Comtesse, die mit hörbarer Entrüstung reagiert) ungezählte Kinder zeugte, von denen er 77 als seine Söhne anerkannte, während die Töchter zu zählen ihm nicht der Mühe wert erschien.

Maler Schätzungsweise – war'ns au Töchter um die ...

Smeralda Sieben ...

Comtesse ... und siebsisch!

(Auftritt Herzog, mit Flinte auf der Hüfte aufgestützt).

Smeralda Hier in Ludwigsburg ist heute großer Festtag. Der Herzog feiert seinen 49. Geburtstag. Die Stadt ist voll von Fürsten, voll von vornehmen, gut betuchten Herrschaften, die alle schöne Portemonnaies in ihren Taschen tragen ...

Comtesse Par example auch Graf Schenk von Dischingen ...

(Auftritt Graf, mit Flinte).

Smeralda ... und aus Sankt Petersburg sein Verwandter, Zarewitsch Pavel Petrowitsch, zu dessen Ehre dieses Fest gefeiert wird.

(Auftritt Zarewitsch, mit Flinte).

Comtesse Gestern die adeligen Festgäste hatten ihr Plaisir bei eine Hirschjagd, für welche die Bauern haben müssen treiben sechstausend Hirsche vor die Flinten von die hohe Herren.

(Der Zarewitsch bläst ins Jagdhorn, alle drei Herren schicken sich an, ihre Flinten in Richtung Publikum anzulegen. Die Damen treten mit „oh mon dieu!" zurück, die Herren schießen „Piff!" – „Paff!" – „Puff!", die Damen applaudieren. Der Zarewitsch bläst das Halalí und die drei Herren entfernen sich).

Smeralda Heute ist nun Sonntagmorgen, mit festlichem Gottesdienst in der Kapelle der Residenz. Da wir volles Vertrauen in die Vorstellungskraft unseres Publikums setzen, so wagen wir es hier, die prachtvoll barock ausgeschmückte Kapelle mit einem simplen Versatzstück zu repräsentieren: einer Kirchenbank.
(Sie zieht die Bank von der Breite dreier Adliger aus dem Off).
Die Wache war angewiesen, Kirchenbesucher nicht zu kontrollieren, und deshalb kann die Liesel unbehelligt eintreten ...
(Lis tritt hinter die noch leere Bank).

Smeralda ... und früh genug, um sich ein passendes Plätzchen auszusuchen. Denn hier – ist sie die Jägerin.
Ein wenig später trifft auch ihre Freundin ein, mit der sie vereinbart hatte, sich zum Gottesdienst zu treffen ...

(Marian stellt sich mit Zwinkern links auf).

Smeralda Bald treffen auch die nobleren Gläubigen ein, der Gottesdienst beginnt.

(Die drei Herren stehen mit gezogenen Hüten nebeneinander. Sie vollziehen mit gebührendem Ernst und in exaktem Gleichtakt die gottesdienstlichen Handlungen: Gebetbuch aufschlagen, Knien, Kopf andächtig senken, Tabak schnupfen aus der goldenen Tabaquiere ...)

Smeralda Als der Klingelbeutel durch die Reihen geht, bemerkt die Freundin, dass der Graf einen Taler aus der Tasche opfert, aber anscheinend einen zweiten, grün gestrickten Geldbeutel für größere Beträge mit sich führt. Diskret gibt sie der Liesel ein Zeichen ...
Und als der Gottesdienst mit einem letzten Lobpreis endet, beginnen die beiden ihr durchtriebenes Zusammenspiel ...

(Die Herren setzen ihre Hüte auf und gehen in Reihe nach rechts hinaus. Marian drängelt sich zwischen den Grafen – den letzten in der Reihe – und seinen Vordermann. Sie geht ihm im Weg um, stößt ihn bei der Kniebeuge mit ihrem Hintern an, entschuldigt sich lächelnd

... so dass die Gassnerin ihm den grünseiden gestrickten Geldbeutel entwenden kann. Sobald die Herren draußen sind, treffen sich Lis und Marian in Bühnenmitte und teilen sich die Beute).

Smeralda Noch vor dem Mittagsmahl tritt das Garderegiment im Schlosshof an, um dem Zarewitsch Ehrensalut zu schießen.

(Smeralda ab nach links. Von rechts schieben Corporal und Trompeter die Kanone herein. Der Sergeant kommandiert ...)

Sergeant Hopp hopp, ihr müden Kriejer! Bewecht die Knochen! Wohl alle Glieder steif heut morgen, nur det eene nich mehr, was?

Trompeter Jawohl, Herr Sergeant.

Sergeant Müsst ihr zwee beede imma die letzten sein von die janze Kompanie? Habt wohl wieda tüchtig einjezogen jestern Aamd, nich wah? Habt wohl jedach, solange die Butta so billich is, was? Habt wohl die janze Nach durchjezech, was?

Corporal (stramm, Hand an Mütze) Jawohl, Herr Sergeant.

Sergeant Na dett is wenichstens ne ehrliche Antwort. Dett lob ick mir. Awa eens saach ick euch: Wenn! Heute! Beim Salutschießen zu Ehren unseres hochbeliebten Herzogs! – Wenn da eure Kanone wieda nich losjeht, dann is zappendusta, uff det könnt a Jift nehm.

Corporal Jawohl, Herr Sergeant!

Sergeant Na los, du Mostbirne, gib dem Pulver in dem Rohr rein, awa nich zu wenich, und bor nich in die Nase, du Träne.

Trompeter Jawohl Herr Sergeant!

Sergeant Na, da bin ick awa mal jespannt. (Ab nach links)

Trompeter Saupreiß, damischer! (Er äfft ihm nach)

Corporal Allz, was der Preißafritz net braucha ka bei seine Zinnsoldata, des lauft zu uns her, und der Herzog stellt's glei ei, dia Helda. Den soll der Blitz beim Schiffa treffa.

110

Trompeter (Stopft das Rohr mit einem Holzkolben)
Verstopfung soll er kriaga, ganze Wocha.
Und dann an Durchfall, dass er von sieba Metter Abstand ...
(er zieht den Kolben schwungvoll raus) ... in a Weifläsch neitrifft.

Lis Dua no guat stopfa, dass's au an festa Schuss gibt, gell
Dieterle?

Trompeter Ja guck no doh na: Ihr zwoi. Send ihr heut au scho auf?

Marian Mir zwoi kommat aus der Kirch. Wie sich's gehört. Aber
euch zwoi hat ma wohl grad erst aus'm Bettle gschmissa.

Corporal Ja, es war no recht lustig gestern Nacht beim Sonnawirt.
Schön hand'r gsunga, ihr zwoi Nachtigalla. Warum sind'r denn scho
so bald ganga?

Lis Am Sonntagmorga ganget rechte Leut in d'Kirch.

Corporal Ja freile. Aber heit isch d' Kirch vielleicht net ganz der
richtige Ort, Elisabeth. (Er legt seinen Arm um sie) Weil, heit muasch
guat aufpassa. Heit laufat so viel noble Herrschafta in der Stadt rum
und so viel Perücka, dass's glei überall nach Pomade schmeckt.
Da heißt's: Augen auf! Es könnt leicht sei, dass oim von dene Herra
auf der Straß, wie's manchmal geht, sei goldens Tabaksdösle aus der
Täsch fällt. Könnt ja sein, eventuell ... (er gibt ihr einen Klaps auf den
Hintern)

Lis Eventuell kriagsch du a Schell, du Rindviech.

Corporal Net so schnell, ma moint's bloß guat. Aufpass, Liesel!
Die Polizei ist auch dabei und eins zwei drei schon nicht mehr frei.
Lass no nix anbrenna!

Lis Wenn no dei Pulver anbrennt. Guck, jetzt kommat se!

(Man hört Glockenläuten. Feuerkommandos und Salutschüsse kommen näher).

Corporal He Dieterle, glei semmer dra. Hasch die Lunte no net
anzunda, Depp, bleder?

Trompeter Ja du hasch doch d'Schweabala, du Regimentsdackel!

(Sie versuchen fieberhaft, die Lunte anzuzünden. Man hört weitere Schüsse und die näherkommenden Feuerkommandos des Sergeants).

Sergeant Haubitze 5! Feuer! (Schuss)
Haubitze 6! Feuer! (Schuss)
Haubitze 7! Feuer! (--------)
Feuer! Bombenhagel und Granaten, ich mach euch zu Sülze, ihr hirnamputierten Schluckspechte! Na los, gebt endlich Feuer, ihr Dösköppe, ihr Klaffärsche, ihr blamiert ja die ganze Kompanie, ihr Regimentstrottel, ihr Knalldeppen, ihr ... ihr Schwabenseckel!!!
(Jetzt geht der Schuss los, der Sergeant fliegt von der Bühne)
Das wird'n Nachspiel ham, ihr Schnapsdrosseln! Euch zwei bring ich auf Vordermann, nächste Woche! Aaachtung! Im Laufschritt abtreten!
(Die Soldaten ziehen dienstbeflissen ihre Kanone hinaus, während Smeralda sich zum Publikum wendet).

Smeralda Nun, verehrtes Publikum, folgt das Festbankett im Spiegelsaal des Ludwigsburger Schlosses. Es versteht sich, dass zu diesem Festdinér nur hocherlauchte prominente Exzellenzen eingeladen sind, welche die dargereichten kulinarischen Köstlichkeiten auch zu würdigen wissen. Par example: Moi, je suis la Marquise de Luxembourg et Pissenlit ... (sie travestiert mit Perücke und löwenzahngelbem Hut, während die Garçonne beiden untertänig zwei Speisekarten reicht).

Comtesse Als hors-d'oeuvre: Mayonnaise au caviar ...

Marquise Als Soupe: Spargelcreme mit Artischockenherzen ...

Comtesse Getrüffelte Fasanenbrüstchen mit Sauce Bernaise ...

Marquise Lachsfilet in Blätterteig gebacken ...

Comtesse Cordon bleu a la Madame Pompadour ...

Marquise Als Dessert: Creme au chocolat ...

Comtesse Beignets aux pommes ...

Marquise Café au crème.

Comtesse   Artichauts avec du creme – da kann ich nicht sagen Nein. Und dann die Cordon bleue ... (Sie echauffiert sich *un peu* über die Garçonne, die ein Cafetischchen und drei Stühle bringt und sie dabei leicht Hintern an Hintern touchiert) Mon dieu, ces domestiques!

Marquise   Ces balourds souabe, toujours le même problême! (Sie reichen ihre Karten der Garçonne über die Schultern zurück) Und die mousse au chocolat – aber ich muss ja auf meine Diät achten ...

Comtesse   Werden Sie wenigstens von der Créme kosten?

Marquise   C'est dommage, sie wissen ja, die docteurs und die figure, die garderobe ... (sie zupft ihr Kleid zurecht)

Comtesse   Tres charmant. Sie lassen in Paris arbeiten?

Marquise   Wo sonst kann man noch arbeiten lassen heutzutage?

Comtesse   Aber die honoraire ...

Marquise   Noblesse oblige ...
Mit viel „Mon Dieu – superbe – exquisit" gehen die Damen nach rechts hinaus, während die Herren eintreten.

Herzog   Mein lieber Pavel, mein lieber Schenk – wie wär's mit einem Spielchen, nach diesem exquisiten Mittagsmahl?

Graf   Durchlaucht, Sie wissen, dafür bin ich stets zu haben.

Herzog   Darf ich Sie bitten, verehrter Graf (er gibt ihm die Spielkarten)
Garçonne! – Der Champagner ist vom Jahrgang 79, wie befohlen?

(Die Garçonne nickt und serviert)

Herzog   Ich darf Ihnen doch Champagner anbieten, meine Herren?

Zarewitsch Aber nur ein Gläschen bitte. Der Beaujolais de soixante-treize war sehr goutant.

Herzog   *Krasnje prijatnije, ne prawda li?* (Sehr wohlschmeckend, nicht wahr? – Dann zum Grafen, der die Karten zu lange mischt:) Schenk, es sind schon Leute beim Mischen gestorben ...

Graf   Pardon, Durchlaucht.

Herzog   Ach lass Er doch die Durchlauchten weg. Beim Kartenspiel herrscht egalité, nicht wahr? Hier zählen keine Titel, nur die Gunst von Madame Fortune und gute Karten.

Graf   Und die meinigen sind recht passabel. Ich spiele, wenn's erlaubt ist.

Herzog   Da geb ich Contra, Schenk!

Graf   Geht retour! Und nicht nur das: Ich setz noch zwei Dukaten drauf.

Herzog   Na, das möcht ich sehen. *Nash brat Russki* (unser russischer Freund), spiel er aus!

(Der Zarewitsch trumpft seine Karte aus, die Damen nehmen den Champagner an, den ihnen die Garçonne auf dem Tablett serviert.)

Marquise   Haben Sie es schon gehört? Der Erbprinz von Backstein-Limburg soll sich heimlich verlobt haben mit der Comtesse de Roquefort ...

Comtesse   Quel fromage! Und was sagt die Comtesse de Bonbel zu dieser mesalliance?

Marquise   Maintenant, sie wissen, mütterlicherseits ist sie eine Raclette de Brie aus der Linie Gervais de Camembert.

Comtesse   Par bleu! Aber ich muss gestehen, ich halte diese Comtesse de Raclette für un peu distrait.

Zarewitsch Kreuz-Ass!

Graf   Bube!

Herzog   Und die Herz-Dame sticht! Mein lieber Schenk, der Sieg ist unser, und das Pech das Ihrige. Macht vier Dukaten.
Tja, mit den Damen muss man immer rechnen, sonst hat man sein Kreuz mit ihnen, nicht wahr, Pavel Petrowitsch?

Zarewitsch Damen sollte man gewiss schätzen, doch gewisse Damen nicht unterschützen.

Graf   Nanu? – Wo hab ich denn ...?
Das gibt's doch nicht! Darf doch nicht wahr sein?

Herzog   Was haben Sie, Schenk? Ist Ihnen nicht wohl?

Graf   Mein ... meine Dukaten! – Ich hatte sie doch hier in der Westentasche ...

Zarewitsch Ja gewiss, die Tasche war ganz ausgebeult.

Graf   In der Kirche hab ich doch ... ! – Potz Blitz und Donnerwetter! Die beiden Weiber! Verdammte Sacklanger!

Herzog Wie denn, was denn? – Sie wollen doch nicht sagen, man hat sie bestohlen?

Graf   1700 Gulden.

Herzog   Par bleu!

Zarewitsch 1700 Gulden nehmen Sie zum Kartenspielen mit? Ist das nicht etwas zu dick aufgetragen?

Graf   Wie meinen Sie das?

Zarewitsch Sehen Sie, verehrter Graf: Selbst ich habe nur 300 Gulden eingesteckt.

Herzog   Und ich sogar nur 200!

Graf   Pardon, aber ich verstehe immer noch nicht.

Zarewitsch In Petersburg spielte ich einmal mit dem Baron von Melnikow. Nach dem ersten Spiel konnte er nicht bezahlen und sagte, man habe ihm seine 500 Rubel gestohlen. Dabei war er nur völlig verschuldet und weil kein Jude ihm noch leihen wollte, ging er mit leeren Taschen zum Kartentisch und hoffte auf ein Wunder.

Herzog   Nach dem Motto: Wo kein Jude mehr leiht, hilft nur noch Kartenspielen? Das ist köstlich! Magnifique!

Graf   (zum Zarewitsch) Verehrter Pavel Petrowitsch! Soll das heißen, Sie zweifeln an meiner Offiziersparole?

Herzog   Nur ein Scherz unter Männern, verehrter Graf. Niemand zweifelt an ihrem Ehrenwort, und alle glauben wir an Wunder. Vielleicht finden Sie ja Ihren Geldbeutel. Liegt er nicht unter dem Tisch? (Er schaut runter) Oder hat sich eine der Damen in drei Teufels Namen einen Scherz erlaubt?

Comtesse   Comment?

Marquise   Pardon?

Graf   In der Kirche! Das Weibsbild in der Kirche war's!

Herzog   Mein lieber Schenk, vielleicht finden Sie ja die geniale Diebin, die Ihnen 1700 Gulden aus der Westentasche langte. Und wenn Sie sie gefunden haben, dann bringen Sie das Weib hierher. Die kriegt einen Orden für ihre wunderbares Handgeschick. Alors, c'est magnifique! Das ist superbe, einfach su---perbe!

Marquise   Haben Sie das gehört, Madame?

Comtesse   Allons vite, das müssen wir gleich der Fürstin erzählen.

Marquise   Quel eclat!

Comtesse   Mon dieu, die Blamage!

Herzog   So lachen Sie doch auch ein bisschen, Schenk!

Zarewitsch Das wird ein schöner Festtag, hat er gesagt, als wir zur Kirche gingen. Doch der Mensch denkt ...

116

Herzog   Und Gott lenkt die Hände seiner Diebinnen. Na das Weib hat Courage! Bestiehlt doch glatt den Grafen Schenk, und justement in der Kirche! – Köstlich! Magnifique! Superbe! Su---perbe!

Graf   Aber eins versprech ich Ihnen: Dieses Weibsstück bring ich hinter Schloss und Riegel. Die schnapp ich mir in kurzer Frist.

Herzog   Mit Häschern und mit List, wenn sie zu fassen ist.

Graf   Wollen wir wetten, Durchlaucht?

Herzog   Aber gerne, Schenk.

Graf   Um hundert Gulden!

Herzog   Der Spaß soll es mir wert sein, lieber Schenk. Aber nun kommen Sie, meine Herren, es gibt noch was zu sehen: Mein Hoftheater gibt eine Farçe zum Besten ...

(Alle ab. Es wird Nacht. Herein schwankt der Trompeter mit noch verkorkter Sektflasche, gefolgt von Lis und dem Corporal, dieser mit fast leerem Teller. Man hält sich aneinander fest, denn man ist schwer angeheitert).

Trompeter   Mei, bin i jetzt vollgfressa.

Corporal   Liesale, des war des beste Vesper, des wo i in mei'm ganza Leba kriegt hab. Wie hat jetzt des no g'hoißa?

Lis   Pommes frites. Des ich was Französischs.[183]

Corporal   Pommes frites. Wie schreibt ma des? (er schleckt seinen Teller ab)

Lis   Da fragsch grad die Richtig'.

Corporal   Schmeckt fast so guat wia dia g'röste Erdäpfel mit Zwiebel, dia wo mei Mutter emmer gmacht hat. Mei Liabs Mütterle!

---

183 Tatsächlich scheint die Erfindung dieses heutigen Allerweltsgerichts genau in diese Zeit zu fallen (http://www.musee-gourmandise.be/fr/articles-de-fond/77-articles-fond/132-la-veritable-histoire-de-la-frite).

(Die Erinnerung macht ihn plötzlich weich, er schluchzt).

Trompeter Vorsicht, jetzt wird geschossen! (Er zielt mit der Sekt-flasche ins Publikum) Feuer frei! (Schuss) Schampanjer! – Liesale, wia kannsch du des bloß alles zahla? Hasch du an Geldscheißer da-hoim?

Lis Sei net so neigierig. Geld spielt koi Roll, der Rubel muss rollen. Heit leb' mer wie die Fürsten und die Grafen und die Prin-zessinnen.

Trompeter Heit leb mer wie der Herzog im Schloss.

Lis Heit leb mer wie der Graf Schenk.

Corporal (noch in seinen Emotionen) Mei liabs arms Mütterle!

Lis Freunde! Exzellenzen! Durchlauchten! Wir trinken auf den edlen Spender, alles frei, und wem sei Glas scho leer isch, der schenk glei nomol ei. Wir trinken auf Graf Schenk.

Corporal (wieder gefasster) Und auf mei Mütterle!

Trompeter Prost, Schwarze Liesel, sollst leben bis du weiß wirst!

Corporal Liesale!

Trompeter Sollst hundert Jahr als werden!

Corporal Wia hat jetzt des no ghoißa?

Lis Pommes frites, grad wie man's schreibt. – Da, gib den Musikanten noch einen Dukaten, die sollen au pommes frites. (Sie singt nach der Melodie der Marseillaise:

> Es gibt für alle an Champagner heit,
> und's gibt für alle an Pommes frites.
> Und sie sollet no was Schönes spiela,
> a Stückle wo ma au drauf tanzen kann.
> I glaub I han scho a bissle an Schwips,
> und des kommt sicher von dene Pommes frites!

Egal, i zahl, des ganz' Abendmahl,
ma lebt ja bloß oimal!

Prost, Musikanten ...

(Die Musikanten – Geiger, Gitarrer, Smeralda – bedanken sich dem
ungewöhnlichen Trinkgeld entsprechend und beginnen zur Melodie
von „Fuli Tschai" zu spielen. Smeralda singt, ab der zweiten Strophe
tanzt die Liesel solo)

Shuka, shuka hainitschai   Heit hat sie an Haufen Geld,
Oske alfa donegai   freit sie's Saufen auf der Welt:
Issa, di dunna, di fuli tschai Hoch lebe unsere Schwarze Lis!
Oske weto manzega   Noch a Flasch Champagner her,
Oske djato manzega   sonst wird uns der Magen schwer:
Issa, di dunna, di fuli tschai. Hoch lebe unsere Schwarze Lis!

Mehat maisa duhas mas   Und dem lieben Grafen Schenk
Tshalalalo tshalega   sind wir alle eingedenk:
Issa, di dunna, di fuli tschai Hoch lebe unsere Schwarze Lis!
Oske weto manzega   Lacht der Herzog und der Zar,
Oske djato manzega   dieser Trick war wunderbar,
Issa di dunna, di fuli tschai   hoch lebe unsere Schwarze Lies!

Eka dunna descha dui   Alt wer'n soll se hundert Jahr
Junna vasto talo mui   und dann nachher noch a paar,
Issa di dunna, di fuli tschai   Hoch lebe unsere Schwarze Lies!
Loni tsoha hi a duke   Und wenn sie beim Jüngsten G'richt
Deiso mena tella tutte   tritt vor Gottes Angesicht:
Issa, di dunna, di fuli tschai Hoch lebe unsere Schwarze Lies!

(Während des Liedes gehen die beiden Soldaten ab, die Bühne wird
umgebaut: Pfosten als Bäume links hinten und rechts vorne, dazwi-
schen Büsche, in der Mitte ein Lagerfeuer aus rotem Tuch, unter das
Smeralda ihre Petroleumlampe stellt).

3. Einsiedeln, Frühjahr 1783: Schwarze Lis und Schwarze Madonna

Smeralda Jawohl, verehrtes Publikum, mit euren eigenen von Abscheu erfüllten Augen habt ihr nun beobachtet, mit welcher Hinterlist die Gassnerin ihr schamlos niederträchtiges Handwerk (sie mimt „Sacklangen") auszuüben pflegte. Und justamente Seine gräfliche Durchlaucht hat sie doch auszurauben sich erdreistet. Respektlos und impertinent! Wo bleibt die Achtung vor der Obrigkeit?

Wo kämen wir da hin – so fragt sich jeder redliche, gesetzestreue Bürgersmann und jede züchtig arbeitsame Hausfrau, wenn solcherlei Verbrechen bliebe ungesühnt? Wie lange noch wird es der Gassnerin gestattet sein, in wilder Diebsfreiheit herumzuschwärmen? Hat nicht der solchermaßen ausgeplünderte Graf Schenk sofort nach dem blamablen Diebstahl seine Häscher nach dem schwarzen Galgenvogel ausgesandt?

Er hat, und weder Müh noch Unkosten hat er gescheut, um ihrer habhaft zu werden. Alle Winde trugen ihm die Kunde zu von ihrem frevelhaften Treiben, doch das Weib war wie gefeit durch schwarze Kunst, blieb wild und frei, als hätte sie der Schwarze selbst zu seiner Liebsten auserkoren. Der Teufel selbst, jawohl, durch seine schwarze Macht der Finsternis hielt wohl die Kralle schützend über seine Buhlerin, um ihre schwarze Seele umso sich'rer zu erbeuten.

Es lasse sich nicht täuschen das verehrte Publikum, wenn es nunmehr im dritten Akt das Teufelsweib erlebt als fromme Pilgerin. Fürwahr, als demutsvolle Pilgerin ist sie wohl mehrer Dutzend mal nach Einsiedeln gewallfahrtet ins Schweizerland, zum Gnadenbild der Schwarzen Muttergottes. Man lasse sich nicht täuschen von der frommen Pilgermaske, sondern suche vielmehr nach der Wahrheit hinter Trug und Possenspiel.

(Aus dem Zuschauerraum kommen hörbar der Geiger und der Gitarrer mit ihren Instrumenten, gefolgt vom Maler mit Zeichenblock. Auf der Bühne angekommen, zupft der Gitarrer ein paar Töne, der Geiger hängt seine Lampe an den hinteren, der Maler seine an den vorderen Pfosten, neben dem ein Baumstumpf zum Sitzen einlädt)

Smeralda (zum Geiger) Jockele! (zum Gitarrer) Spatzo! Warum kommt ihr so spät? Jetzt alle schlafen und alles Essen aufgegessen.

Geiger   Isch gleich. Mir han gessa.

Gitarrer   Guat han mir gessa!

Geiger   Aufgespielt han mir bei Baurahochzeit. Gute Baura, feine Gadsche. (Gadsche = Nicht-Jenische)

Gitarrer   Essa und Trinka, alles frei für Musikanta.

Geiger   Schau, Smeralda! (Er hebt einen Geldbeutel hoch) – Seind ka arme Deifel, seind reiche Baura in Rapperswil.

Smeralda   Und der da? (Sie zeigt auf den Maler) – Was will der Gadsche da bei uns?

Gitarrer   Der war auch auf Hochzeit. Sagt, isch Kinstler.

Geiger   Isch Freind.

Gitarrer   Isch Maler. Will mala Zigeiner an Lagerfeier.

Smeralda   Will mala Zigeinerweib in a finstere Wald? Warum net malt er feine Dama mit feine Kleider in a feine Schloss?

Maler   Madame, des isch halt des Romantische, compris? Des wird jetzt langsam Mode. Sowas wollat die gut Betuchte heutzutage.

Smeralda   Mode? A ihr meschuggene Gadsche.

Geiger   Aber darf dableiba, gell?

Gitarrer   Darf dableiba. Isch a Künstler.

Smeralda   Na meinethalba. Der Wald isch ja für alle da.

(Jockele stößt mit dem Fuß an die im Hintergrund schlafende Liesel.)

Lis   Aua, des war mei Fuaß!

Geiger   Wer isch das?

Smeralda   Auch a Gadschkenne. Sie heißt Elisabeth und ihre Freundin heißt Marian.

Maler   Elisabeth – wie noch?

Lis   Elisabetha Gassnerin, geborene Ebner, mei Vater war a ausdienter Soldat aus ...

Maler   Doch net die Schwarze Lis?

Smeralda   Wer isch Schwarze Lis?

Maler   Die Schwarze Lis ist doch berühmter als die Mona Lisa, seit sie den Schenk so tiefgründig ang'lächelt hat. Stimmt's?

Lis   Wenn Ihr's scho wissat ...

Maler   (hat ein Geheft herausgezogen und liest vor): „Liesel Gassnerin aus Biberberg, vulgo Schwarze Liesel, 42 Jahre alt, ein langes beseztes Weibsbild ... schwarzbraunen glatten Angesichts mit etlichen Warzen ... schwarze Haare und Augbraune, und hohe Schultern, zieht zur Zeit mit ihrem Beyhalter, dem Rieser Matheis, und ist eine der erfahrensten Sacklangerinnen und Marktdiebinnen." So steht's in der Sulzer Gaunerliste ...
(Er peilt die Lis über den Zeigefinger an) Bloß Warzen seh i koine.

Lis   A Schönheit bin i, gell?

Maler   Im Ernst, i tät Euch sehr gern porträtieren.

Lis   Poträtieren, mi, a alte Huddel?

Maler   Ihr hand a intressantes G'sicht, und solche Gsichter such i doch. Gesichter wo was drinsteckt.

Lis   Mei Gsicht abmala, dass ma mi überall kennt? Des tät mir grad no fehle zu meiner Schönheit. Und außerdem: Nie mehr im Leaba werd i was stehla. Mir beide nimmer, gell Marian?

Marian   Nie mehr im Leba.

Lis   Mir waret im Theater. Vorgestern in Bregenz. Gspielt hat ma das Jüngste Gericht. Mei Liaber, des hat mi kuriert.

Marian   Mi au.

Maler   Das Jüngste Gericht? Im letzten Jahr war i in Rom, im Vatikan, und han in der Sixtinischen Kapell' des große Bild angseha, vom Michelangelo. Sehr beeindruckend.

Lis   In Bregenz, da war's so (sie steht auf): In der Mitte isch der Jesus gstanden, hoch auf am Podest, und rechter Hand die gute Menscha, links die schlechte (sie steigt auf die Kiste). Und er sprach zu den Schafen zu seiner Rechten: „Kommt alle herein in den Himmel. Denn ich war hungrig, und ihr habt mir ein Essen zahlt, dann war ich durstig und ihr habt mir was z'trinket geben, ich war fremd und ihr habt mi net wegg'jagt, und nacket war ich bis ihr mir a Kleid habt geben, ich war krank und ihr habt mich besucht und wo ich im Gefängnis war, habt ihr mich rausg'holt." Und die Guten haben gefragt ...

Marian   (sie steht rechterhand von Liesel) Wann sahen wir dich hungrig und haben dir was z'essat geben oder durstig oder im Gefängnis und haben dir rausg'holfen?

Lis   Wahrlich ich sage euch, was immer ihr einem Bettelmann getan habt, das habt ihr mir getan. (Zu den drei Männern) Ihr Böcke aber zu meiner Linken: Ich war hungrig, doch ihr habt euch den Ranzen vollgeschlagen mit pommes frites! Ich war durstig, aber ihr habt Champagner gesoffen, ich war arm, aber ihr habt mich bestohlen. So sollt ihr ernten nun, was ihr gesät habt. Hinweg von mir, Verfluchte, in das ewige Feuer, das dem Teufel und seinen Engeln bereitet ist.

Gitarrer   (Hut ab und vor die Brust nehmend) Mir waren immer brave Musikanten, nie nix gestohlen.

Geiger   Mir bloß bascheraime, mache Musik, nix mausa, gell!

Gitarrer   (zeigt seine Taschenuhr) Schau, bin reich, hab Sackuhr silberne. Aber hab ich *kauft* die Sackuhr, von Geld für Musik mache!

Geiger   (zum Maler) Du bist Maler, mir sind Musiker – Künstler muss halta zesamma, gell?

Maler Ja freilich, warum fragst du?

Gitarrer Du nix saga Polizei weil Schwarze Lis bei uns?

Maler Ach woher denn?

Geiger Mir macha a Wallfahrt, nach Einsiedla, zu Schwarze Madonna.

Lis (noch in Pose, ernst) I mach au a Wallfahrt.

Gitarrer Ja freilich.

Lis Zur Schwarza Madonna von Einsiedla.

Gitarrer Schwarze Elisabeth kommt besucha Schwarze Maria ...

Geiger Und's Fahrgeld findt ma auf'm Weg

Gitarrer Und's Essa kommt geschwebt vom Himmel.

Gitarrer Und a weißes Kerzle (mimt scheinheilig) bringt se der Schwarza Madonna, a weißes Kerzle oder zwoi ...

Lis Ja, spottet no. Ihr hand ja recht. Es isch zum Fürchta, was i gstohla han. Mei rotes Mieder zum Beispiel, wisst'r wo des her isch? Des Mieder war mol in der Liebfrauenkirch von Ravensburg, an einem Baldachin, den wo i han mitganga lassa. Des Mieder soll mi erinnera, dass i nie mehr was stehl. Und mit dem rota Mieder gang i nach Einsiedla zur Schwarza Madonna. Und ihr?

Geiger Mir kaufen große weiße Kerz für Schwarze Maria.

Gitarrer Sooo große Kerz. A schukere, a schöne Kerz.

Lis I hab scho meine fünf Kerza für d'Maria. (Sie holt eine Kerze aus ihrem Korb)

Maler Warum fünf?

Lis Für jed's von meine Kinder oina.

Gitarrer   Schene Kerza. Dann aber au schen beichta in Einsiedla, gell?

Lis   Beichta? Beim Beichta war i 's letzt Mol wegs mei'm Mann, weil der mi jeden Tag verprügelt hat. Und der Beichtvater hat gsagt, Jesus ist auch geschlagen worden und i soll's halt aufopfera. Noi, meine Herrschafta. I stell bloß meine zwoi Kerza na. Und dann sag i – aber so leise, dass's niemand hört: Du, Schwarza Maria!

(Die Musikanten intonieren „Schto mnje gorje" für die Sängerin)

Lis singt   Du Maria, i bin die Schwarz Lis.
              Und i bin scho a lidrig's Weib, 's isch wahr ja i bi-i-i's!
              I han klaut scho als Mädle und i nemm was i fend,
              und des lauft wia a Rädle und wia soll's enda?
              Goldne Sackuhra, und a bissle hura,
              warum bin i so auf's Geld, ha?
              Immer Sacklanga, und auf d'Märkt ganga
              warum bin i auf der Welt?
              Dau a Portemonnaie, det a Baldachee
              Und a Beutele voll Geld, ja!
              Immer Sack langa, z'letzt in d'Höll ganga,
              warum bin i auf der Welt?

Lis spricht   Und dann macht die Schwarz Maria da Mund auf,
              vielleicht bild i mir's bloß ei, aber was se sagt, des
              gfällt mir.

Lis singt   Ja i kenn di scho lang, Lisabeth.
              Und a Heilige, des bisch du ganz sicher ne-e-et!
              Die fünf Kerzla, dia send, halt oi Kerz für jed's Kend
              Und's verschwindat ganz gschwind dann all deine Sünda!
              Und dia Sackuhra, und des bissle Hura,
              und die ganze Gaunerei, ja,
              und des Sacklanga, und des Baurafanga,
              damit isch es jetzt vorbei!
              Und a Portemonnaie, roter Baldachee,
              und dia Beutel gstohlens Geld, ja!
              Du muasch au leba, au dei Roll' geba,
              guat spielsch du di auf der Welt!

Maler   (applaudiert) Molto bene, molto bene! Ihr send wirklich Künstler!

Gitarrer   (vergleicht staunend die Skizze in der Hand des Malers mit der Lis) Aber mala a Bild – isch au a Kunst.

Geiger   (hebt die Skizze hoch) Des isch a grandige Kunst ...

Lis   Und des?
(Sie lässt Jockeles goldene Uhr um die Hand kreisen)
Isch des koi Kunst? (Sie gibt ihm die Uhr)
War bloß zum Spaß. I stehl nix mehr! I schwör!

(Alle ab außer ...)

Smeralda   Fürwahr, meine Herrschaften, es ist eine Kunst, nicht gefasst zu werden von den Häschern und Streifern des Grafen Schenk. Doch seien Sie beruhigt und versichert: Nur wenig Erdenjahre noch wird diese Schwarze sich ihrer Freiheit weiter schamlos dreist erfreuen können, bis endlich im Jahre 1787 die Fäden ihres Schicksals sich verdichten werden zu eines Galgenstrickes dickem Ende.
Bis dahin laden wir sie ein zu einer künstlerischen Pause, während selbiger sie sich laben können an Fladenbrot und Frühäpfeln, Pommes frites und Pilsner Bier, dies alles ganz legal besorgt, genau wie auch unser, s'il vous plait, Champagner.

4. Reutlingen, Simon-und-Judi-Markt, Oktober 1785: Im Dreieck

Smeralda   Hochverehrte Gäste, wir sind froh, dass Sie nach dieser Pause alle zurück gekommen sind, um gelabt an Speis und Trank nun weiter zu verfolgen die tragischen drei letzten Akte des gekürzten Lebenslaufs der Schwarzen Lis. Vielleicht haben Sie in der Pause alte Bekannte wiedergetroffen ...

Comtesse   ... oder Ihre alte Ehemann mit seine neue Partnerin ...

Smeralda   ... oder Ihre frühere Gemahlin, welche sich nun herumtreibt mit diesem jungen Kerl, das Frauenzimmer sans pudeur?!

Comtesse   ... dann es geht Ihnen so wie ist in Leben gegangen für die liebe Mann von Schwarze Lis. Man stelle sich vor: Sie ist gelaufen auf und davon und hat betrogen ihre Mann mit dem sie ist verbunden durch ewige Band von heilige Ehe!

Smeralda   Betrachten Sie das Bild, welches überliefert ist von diesem armen verlassenen Ehemann, der unser aller Mitleid ungeteilt verdient.

(Der Maler entrollt das Bild des Johannes Gassner).

Comtesse   Schon, als er noch gewesen ein Soldat bei Kaiserlichen Truppen, hat sie ihm geboren drei Kinder ...

Smeralda   Und noch vier Kinder nach der Hochzeit.

Comtesse   Mit dem Geld, das sie aus fremden Taschen stahl, hat sich das Paar ein Haus gekauft ...

Smeralda   Ein kleines Haus mit Garten.

(Der Maler entrollt ein idyllisches Bild: Haus im Grünen).

Comtesse   Doch unrecht Gut gedeihet nicht, und bald darauf traf sie des Himmels Strafe.

Smeralda   Verhaftet wurden beide. Die Kinder zwar, zum Glück, sie hatten noch im Haus die brave Mutter der verrruchten Meisterdiebin, ihre Oma, die sie treu versorgte. Schon nach zwei Wochen freilich entkam die Gassnerin aus dem Gefängnis und ...

Comtesse ... ging sofort heim zu ihre liebe Kinder?

Smeralda Nein!

Comtesse Sondern?

Smeralda Lief Mann und Kindern einfach so davon!

Comtesse Ließ ihre liebe Mann und ihre Kinderschar im Stich! Und völlig ohne Grund!

Smeralda Zwar hatte ihr Mann beim Abschied im Gefängnis ihr gesagt, sie solle verschwinden, möglichst in ein andres Land, und sich nicht wieder blicken lassen ...

Comtesse Aber läuft man deshalb weg?

Smeralda Zwar hatte ihr Mann sie stets geschlagen, wenn sie mit zu wenig Diebesbeute nach Hause kam ...

Comtesse Aber lässt man deswegen liebe Mann in Stich?

Smeralda Zwar pflegte ihr Mann in seinem Kummer ihr Geld im Wirtshaus zu versaufen und stockbesoffen heimzukommen und sie zu prügeln ...

Comtesse Doch geht es andere femmes denn so viel besser?

Smeralda Zwar wusste jedermann im Dorf, dass er saugrob war und mit anderen Frauen herumzuziehen pflegte ...

Comtesse Alors, wenn ihm die eigene épouse nicht mehr will geben assez d' amour?

Smeralda Zwar hatte er ihr gedroht, sie solle tunlichst das Geld zum Hauskauf bald heranschaffen, widrigenfalls er sie noch heute in die Donau werfe ...

Comtesse   Doch anstatt die kleinen Späße ihres Ehemannes zu erdulden mit trockene Humor und gute Willen ...

Beide   ... ist sie gelaufen ihm – davon!

Comtesse   Flog ihm davon und über die Land als schwarze Elster, mit gute Blick für Gold und Silber ...

Smeralda   Und trieb sich in der ganzen Welt herum, kam bis nach Südtirol auf ihrem Diebesweg und ließ sich ein mit einem anderen Mann!

Comtesse   Ein Mann, der jünger ist als sie, mon dieu!

Smeralda   Der Name dieses Verruchten ist Mathias, jawohl, Matthias, wie der Jünger unseres Herrn Jesus. Auch Simon und Judas, das wissen Sie als gute Christen alle, waren zwei Brüder Jesu, und an ihrem Namenstag im Oktober anno 1785 trafen sich in Reutlingen beim Simon-und-Judas-Markt sehr unverhofft zwei Männer, die niemals sollten Freunde werden: Johannes Gassner und Mathias Ruttmann: der alte Ehemann der Liesel und ihr frevlerischer neuer.

(Lis und Matheis kommen vom rechten Bühnenhintergrund, beide je eine schwere Kretze tragend. Johannes, mit Bart und Hut, tritt polternd durch die Zuschauertür ins Publikum und geht auf die Bühne zu. Liesel sieht ihn, erschrickt, macht den Matheis aufmerksam auf den, der nun die Bühne ersteigt und Schritt um Schritt auf die beiden zugeht).

Johannes   Ja dau guck na! Soso!

Lis   Jaja!

Johannes   Wia's manchmal ganga mag, gellat?

Matheis   Wia's manchmal geht.

Johannes   So sieht er also aus, der Kerle, mit dem mir mei Weib verd'laufen isch. I moi, er isch a bißle z'jung für so a alte Huddel, oder?

Lis   Beim Matheis fühl sich dia alt' Huddel jeden Tag a bissle jünger. Woher des wohl kommt? Bei dir war i doch jeden Tag a bissle mehr verhärmt und bucklat und verzweiflat.

Johannes   Aso, und darum bist du deine vier Kinder auf und dervo.

Lis   Net meine Kender, bloß dir bin i verd'loffa, i wär ja längst unterm Boda, wenn i bei dir blieba wär.

Johannes   Dei Mutter isch gstorba im 82er Jahr, hast des schon gwusst?

(Lis nickt)

Johannes   Und trotzdem lässt du mi alloi mit unsre Kinder?

Lis   Mit unsere Kinder, ja. Mit unsere Kinder.

Johannes   Und treibst di rum mit am andera?

Lis   Noi, Johannes. Aus dir isch ganz an anderer worda. Du warsch nimmer der, mit dem wo i ghockat bin unterm Apfelbaum und den wo i mol g'heirat han und den i lieb g'habt han. Jawohl, i, dei alte Huddel, dia wo du grün und blau hasch g'schlaga bevor du wieder rumzoga bisch mit fremde Weiber. Stimmt's?

Johannes   Und stimmt's au, was ma hört von dir? Dass du mit Juda rumziehst als a Judahur? A Judahur, jawohl, so hoißt ma di. Dass d' schwanger bist, des sieht ma. Ob des Kind katholisch werd, des woiß ma net.

Matheis   I bin lutherisch, dass du's glei woißt.

Johannes   Mit meiner Frau schwätz i! Elisabeth, moinsch net, dass deine Kinder di no brauchat? Moinsch, es isch leicht, vier Kinder aufzieha ohne Mutter? Haus und Acker han i scho lang verkaufa müssa.
Elisabeth, komm hoim. Hasch g'hört?

(Lis kämpft sichtbar um eine Entscheidung)

Johannes   Lis, komm hoim. I brauch di.

(Sie drückt dem Matheis die Hände, umarmt ihn – und geht mit Johannes durch den Zuschauerraum ab, schlägt die Tür zu. Matheis wendet sich ab, geht ein paar Schritte in die Bühnentiefe).

Matheis   Und i? Und *unser* Kind? (Er stellt seine Kretze ab, zieht aus einer ihrer Schubladen ein Buch, sticht es auf und liest vor) Und es geschah, als Elisabeth den Gruß Marias hörte, hüpfte das Kind in ihrem Schoße ...

(Durch die geschlossene Tür hört man Streit. Die Tür geht auf, Lis rennt hinauf zu Matheis, sie umarmen sich, beide ab).

5. Oberdischingen und Kaserne, Juli 1788:
Letztes Bild und letzter Schnaufer

Der Trompeter spielt vor dem Vorhang „Üb immer Treu ...“ in Moll, mit dem höchsten Ton nun zwei Volltonstufen tiefer, und dadurch pesante absteigender Linie in den letzten drei Noten.

Die „Arme-Sünder-Zelle“ für Zum-Tod-Verurteilte wird gebildet von bemalten Leinwänden, zwischen drei Pfosten so aufgehängt, dass sie einen Winkel bilden. Die Einrichtung besteht aus zwei Hockern und einem Kübel bzw. Pot d'Chambre.

Lis wird sitzend vom Maler porträtiert. Nach einer Weile ...

Lis   Jetzt woiß i's emmer no net.

Maler   (nach einer Pause) Was?

Lis   Warum Ihr ausgerechnet mi porträtiera müssat.
A so schea bin i ja doch net mit meine 46 Jahr.

Maler   I moi, in junge Jahr send Ihr a bildsaubers Mädle gwea.

Lis   Und heit? Na malat doch lieber a Gräfin oder a jungs Komtessle als so a alta – so a verwelkts alts Huramensch wia mi.

Maler   Ihr hand a intressante Physiognomie.

Lis   Des hand andre grad so. – Was isch des überhaupt?

Maler   A Physiognomie, des isch ... a Landkart von der Seel. A Tagebuach vom Leaba. Alles schreibt sich ein ins Gsicht: A jedes Lacha, jeds Verzweifla, jeder Zora, jeds verliabte Blinzla, jeder Schreck und Schmerz ... Grad schea, moin i, war eura Leaba net.

Lis   Des Schönste kommt ja no. Bis jetzt war's halbe-halbe.

Maler   Und halbe-halbe isch au euer Gsicht: 's hat zwoi verschiedne Hälfta unter de verschob'ne Augenbraua: Madonna und Medusa ...

Lis   Medusa? Was isch des für oina?

Maler   I moin die Medusa vom Caravaggio, dem italienischa Maler. Die Medusa war a schöns jungs Mädle, aber dann war da was mit am Poseidon und die Götter hand se verwandelt in a Frau, die alle Männer verschreckt. Und am End schlägt a Göttersohn ihr da Kopf ab und zoigt'n überall rum.

Lis   A so. A Göttersohn.

Maler   Und dic Madonna in eurem Gsicht, die isch so weich und warm und guter Hoffnung. Fast a Heilige. Ganz andersch als der Schreck, dia Wut und Glut in de Medusa-Auga ... und die Ängsta.

Lis   Ängsta?
(Nach einer Weile) Und ihr? Was deand ihr dann mit meiner halb-und-halb-Visage, wenn se mol fertig isch und i scho in dera andra Welt bin? Es hängt sich doch neamad mein Grend in der Stub übers Kanapee?

(Schenk kommt mit Papier, Feder, Tinte. Der Maler steht beflissen auf)

Schenk   Na, mein lieber schwäbischer Rembrandt. Seid ihr fertig?

Maler   Nicht eben ganz, Eure Durchlaucht. (Er weist auf's Bild)

Graf   Gut getroffen, muss ich sagen. Eine typische Verbrecher-

132

physiognomie. So häßlich wie sie leibt und lebt – noch lebt.

(Lis streckt ihm die Zunge heraus).

Graf   (zum Maler) Lass er uns allein. Ich habe noch zu reden mit der Delinquentin.

Maler   Sehr wohl Herr Graf. Ich käme dann morgen vor Mittag wieder, wenn es recht ist, um den Auftrag zu vollenden ... (Schenk bedeutet ihm mit Fingerspiel, dass er nicht mehr kommen muss.)

Maler   I moin, I guck mir mein Modell no a mol ganz genau an ... und mal den Rest aus'm Gedächtnis (ab)

Graf   Wie ist denn ihr Befinden heute, Gassnerin?

Lis   Trübselig g'nug.

Graf   Das ist bedauerlich. Aber hat sie sich ihre jetzige Befindlichkeit nicht selber zuzuschreiben?

Lis   Freilich bin i selber schuld. Hätt mir bloß andre Eltern aussucha müssa, damals vor mei Mutter mi empfanga hat. Solche wie die Frau Mutter und den Herrn Vater vom Herr Graf, und net an krüpplata Soldata und a Tochter von am Betteljuda.

Graf   Steh mal auf, wenn ich mit dir red! Ein bisschen Anstand! Kannst dir denken, warum ich zu dir in die Armesünderzelle komm?

Lis   (steht betont langsam und übertrieben unterwürfig auf) Noi, Herr Graf, aber es isch mir eine große Ehre. I dät Ihne au gern was anbieten, Euer Hochwohlgeboren, aber der Schampanjer isch leider grad ausganga ... (Sie hält ihm den Pot d' Chambre hin)

Schenk   (schlägt ihr den Topf aus der Hand) Deine frechen Scherze werden dir noch vergehen, morgen, Mittwoch, nach dem Mittag, wenn du auf's Podestle steigst. Die höchste Zeit wird's, dass du den Henker Vollmer kennen lernst, die allerhöchste Zeit. Man hat ja bloß so lang gewartet wegen deiner Schwangerschaft. Aber dein Bauch, der wird ja allweil dünner.

Lis   Ha, bei der Verpflegung.

Graf   Aber die eine Lüge mehr, die zählt gar nimmer. Da! – (er klopft auf die Akte) – das was da drinsteht, hätt' ja dreimal ausgereicht zur Todesstraf. Sei froh, dass du bloß einmal aufgehängt wirst.

Lis   I sag Vergelt's Gott!

Graf   Versäufen sollt' man dich für Hofrecht wie a räudige Katz, mit einem Mühlstein um den Hals, im Blautopf, wo's Wasser am tiefsten ist. Kennst den Blautopf?

Lis   Freile kenn i da Blautopf, und i kenn di. Dr Blautopf isch a Wasserloch, und du bischt a ...

Graf   Was fällt dir ein, mich zu duzen?

Lis   Des isch so usus unter hofrechte Ganova.

Graf   Hofrechte Gauner, ja. Dreißig Jahre hat deine Gauner-karriere dauert: Einbruch, Sacklangerei, bewaffneter Raub, Betrug und Bettelei und von der Unzucht möcht ich gar nicht reden. Mehr als 6000 Gulden hast du dir im Lauf der Zeit ergaunert.

Lis   Mir hand au leaba müssa.

Schenk   Leben kann man anständig auch. Schau mich an.

Lis   (mustert ihn von oben bis unten) Ja, wenn i au so gold'ne Knöpf an mei'm Jaquettle hätt' und au so weiße Spitza an mei'm Hemmadle. Und wenn i au em Grafenschloss ins Daunabettle gfalla wär als Comtess Elíse, nau möcht i au wohl anständig sei. Mei Mutter hat Burg g'hoißa und gwohnt hat se in der Bretterbude. Ja wenn mei Vatter an Herr Graf gwea wär! An abdankter Soldat war er, mei Vatter, in Hirschbach bei Wertinga, damüt Ühr ös auch wüsset, Oier Hoch-wohlgeboren, üch bün eine gebörene vön Hürschbach (sie präsentiert sich mit höfischer Gestik und hält ihm die Kusshand hin)

Graf   (Schlägt ihre Hand derb weg) Von der Gosse bist, und dein groß's Maul hältst! Wärst im Bauernstand geblieben und hättest deine Pflicht getan, da wo der Allmächtige dich hingestellt hat.

Lis   Im Bauernstand? Mein Opa Leo Ebner, gesegnet sei sein Name, hätt net amol Soldat werda könna ohne Taufschein. Aber i bin ja katholisch. Und mit dem Geld wo i han hoimbracht von meine Reisen, hand mir uns a kloina Sölde kauft, drei Tagwerk Wies mit fuchzeh Apfelbäum. Grad zehn Jahr isch's her. Seit anno 78 waret mir im Bauernstand, Herr Graf, zwoi Jahr lang. Und mei Mutter dahoim in Biberberg hat au gut aufpasst, dass nix wegkommt, dass meine vier Kinder allweil guate Äpfel hand im kloina Bauernstand, Herr Graf.

Graf   Ein kleines Bauerngut hat sie gekauft, aha! Bezahlt mit Geld, das sie hat anständigen Leuten aus der Tasch gelangt! Aber morgen ist Zahltag, Gassnerin. Morgen wirst du vor Gottes Richterstuhl gerufen. Er wird strenge Rechenschaft von dir verlangen, auf Heller und auf Pfennig. Da solltest du dein Gewissen vorher noch erleichtern.

Lis   I han doch scho gar alles zugeba.

Graf   Fast alles! Aber da ist noch die eine Sache, welche mich persönlich intressiert. Vor sechs Jahren war's, anno 82, in Ludwigsburg. Da warst du doch in Ludwigsburg.

Lis   Ach, i war viel in Ludwigsburg. Des isch a ang'nehm's Städtle.

Graf   Beim Empfang für Herzog Pavel Petrowitsch in Ludwigsburg, nach dem Gottesdienst. Da bist du doch auch dagewesen.

Lis   I? Die ganze Kirch war doch voll Adlige, mit mehr Parfüm als Weihrauch!

Graf   Da isch mir nämlich in der Kirch' aus meiner Westentasche eine Roll' Dukaten g'stohlen worden. Eine ganze Rolle. Und ich weiß genau, wer's war.

Lis   Ja wirklich? Ja dann schnappat doch den Spitzbua!

Graf   Mich hat man bestohlen, den Reichsgraf Schenk persönlich. Eine solche Unverfrorenheit. Wochenlang noch hat die ganze Hofgesellschaft drüber g'lacht. Ich war 's Gespött im ganzen Land.

Lis   Mei, dia Blamasch. Des tut mir aufrecht loid.

Graf   Aber dass ich diese diebische Elster zur Strecke bring, das hab ich mir geschworen damals. Und heut sitzt die schwarze Schätterhex in meinem Käfig: Schwarz an den Federn und käsweiß im G'sicht. (Er zeigt beschwörend mit dem Finger auf sie) Gib's zu, Gassnerin, dass du die 170 Zehnguldenstück gestohlen hast.

Lis   Von wegen! 150 waren's und der Rest Dukata.

Graf   Gib's zu!

Lis   Jetzt soll i wieder schuld sei.

Graf   Schau her! – (Er präsentiert ihr das aufgesetzte Schreiben) – Du brauchst nur hier das Geständnis zu unterschreiben. Mit schwarzer Tint und Feder.

Lis   Unterschreiba? Warum?

Graf   Weil's der Herzog mir sonst nicht glaubt. Mit dem Herzog hab ich nämlich damals eine Wette abgeschlossen: 100 Gulden, dass ich diese Taschendiebin fass und strafen lass. Und morgen ist's soweit. Brauchst nur noch hier zu unterschreiben.

(Er hält ihr das Papier hin und zieht eine Feder aus seiner Tasche. Liesel greift mit vager Hoffnung und als Signal für mögliche Verhandlungen zur Feder).

Lis   Hundert. Und – wenn i jetzt wirklich unterschreib?

Graf   Brauchst keine Strafe mehr zu fürchten. Verloren bist du sowieso.

Lis   A so. Verloren bin i. – Und an Dreck unterschreib i.

Graf   Jetzt nimm Vernunft an, Gassnerin. Es ist ja nur eine Formalität und wird dein Gewissen erleichtern ...

Lis   Dass morga nachmittag mei Arsch net ganz so schwer am Galga hängt? Und wenn i's dreimol gstohla han, und wenn i zehnmol g'hängt werr, und wenn i hundertmol in d'Höll komm – I unterschreib nix mehr. – Und die Feder könnet Ihr Euch sonstwo nei'stecka.

136

Graf   Sie weigert sich – will ihr Gewissen nicht erleichtern?

Lis   Grad dir zum Possa. Dass du dei Wette no verliersch.
I han nix mehr zum Verliera.

Graf   So? Meint sie? – Morgen drei Uhr nach Mittag wird sie
ihre Posse spielen können, da wird die stolze Schwarze zwar nicht
hängen, aber ihren großen Auftritt haben: Hoch auf der Bühne, als
Hauptperson, da wird alles nach ihrem Kopf gehen, und ein allge-
meines Ansehen wird sie genießen.
Morgen früh, Schlag zehn vor Mittag! Gute Nacht!

(Der Graf ab. Lis grübelt. Es wird dunkel, Smeralda tritt hinzu).

Smeralda Die Nacht ist lang.
             Wird's dir schon bang?
             Hast Angst und Sorgen?
             Unerbittlich kommt der Morgen.

(Die Musikanten stehen am Bühnenrand im Halbkreis um Liesel, die
auf ihrem Hocker sitzend weitergrübelt, während im Hintergrund der
Kerker ab- und das Schafott aufgebaut wird. Lis singt zur Melodie
„Avreiml" von Mordechai Gebirtig).

Lis   Ganz alloi mit Zittern und mit Beben
             Noch a Nacht und halb an Tag zu leben.
             S'isch Sommer und s'isch warm auf dener Welt
             Hoff die Sonn wird scheinen, 's wed net regnen
             Wenn ich dem Tod, dem Tod soll heut begegnen
             Nach Mittag, wenn mein Kopf hinunter fällt.

             I bin die Liesel, die beste im Sacklangen
             Viel Tausend Meilen im Leben gegangen
             Und alt geworden fast sechsundvierzig Jahr
             Als das verruchteste Luder, das ist wahr, aiai.
             Es sieht so aus, als wär mir nicht viel Segen
             Von Anfang an in der Wiege gelegen,
             jetzt liegt mein Leben ganz klar vor meinem Blick:
             Geworden bin ich ganz a sauberns Stück.

             's wird schon Tag, und d'Amsel hat schon gsungen.

Sind schon ausgeflogen ihre Jungen.
Kinder mein – 'ch lass euch im Leben stehn.
Ihr seid was bleibt von mir auf Erden
Und ich hoff, ihr werdet besser werden
Als eure arme Mame ist gewen.

Die Schwarze Liesel war gut im Sacklangen
Viel Tausend Meilen ist sie im Leben gangen
Und alt geworden fast sechsundvierzig Jahr
Als das verruchteste Luder, das ist wahr, aiai.
Es sieht so aus, als wär ihr nicht viel Segen
Von Anfang an in der Wiege gelegen,
geworden ist sie a ganz a sauberns Stück
und morgen schlägt man ihr'n Kopf ab am Genick.

Bloß paar Stund' werd des Spiel no gangen
Und i will ja gar net viel verlangen
Bloß ein Gefallen wenn's mi jetzt bald trifft:
Dort wo ihr werdet mich vergraben
Möcht ich bloß a Brettle aufg'richt haben
Und auf dem Brett geschrieb'n in schwarzer Schrift:

Hier liegt die Liesel, die beste im Sacklangen
Viel Tausend Meilen ist sie im Leben gangen
A Frau a feine und mit am lieben Herz
Wer kann, soll stiften für ihre Seel a Kerz, aiai.
Es ist ihr Schicksal ja trüb und zu beklagen
Sie kam vom Weg ab schon in der Jugend Tagen
Und wurd am Ende vom Schwerte hingericht.
Doch hört auf Jesu zwei Worte: Urteilt nicht.

Der Scharfrichter kommt mit Kapuze, steht da, schlägt der Lis nun auf
die Schulter, bindet ihr die Hände auf den Rücken. Die zwei anderen
männlichen Akteure (Gitarrer und Maler), nun ebenfalls mit Kapuzen
verhüllt, tragen ein Schafott herein (Knie- und Kopfbrett) und halten
dann mit hohen Armen vor das Schafott ein weißes Laken, auf dem
sich die Hinrichtung als Schattenszene abzeichnet. Der Gitarrer zupft
einhändig drei Turmuhr-Akkorde (e·g·h·e), bis das Schwert schlägt.
Dunkelheit. Liesel wird im Laken hinausgetragen von den zwei Musikanten, die gleich darauf in Soldatenkleidung die Kanone hereinfah-
ren. Der Corporal hängt an den Pfosten ein Schild „5.Regiment", dann

setzen sich beide auf die Räder der Kanone und machen Brotzeit. Eine Turmuhr schlägt zehn.

Corporal   He, Dieterle.

Trompeter Was isch?

Corporal   Hasch's net ghört?

Trompeter Was?

Corporal   Dreia hat's gschlaga.

Trompeter Des isch normal um dia Zeit.

Corporal   Dackel! Heit isch Mittwoch.

Trompeter Des isch öfters so nach am Dienstag.

Corporal   Hinrichtungstag, du Huidepp!

Trompeter A so, ja. Die Schwarz Lies.
Dia trifft's ja heit in Dischinga.

Corporal   Uma dreia nach Mittag. – Hat scho troffa ... (Er zeigt mit nur einer Bewegung seines Zeigefingers „Kopf ab" und „im Himmel")

Trompeter Arms Liesale.
(Er steht auf, nimmt seinen Hut vor die Brust und spricht feierlich ...)
Liesel, du warsch wohl a Sauloas. Aber a guats Mensch.
Scho vorbei.
(Er setzt den Hut wieder auf den Kopf und sich auf das Kanonenrad)

Corporal   Woisch no, detmals, wo se ons Schampanjer ausgschenkt hat?

Trompeter Beim Sonnawirt, ja freile. Und gfressa hammer wia d'Schecka.

Corporal   Wia hat jetzt des no g'hoißa, des Französische, die bakkene Erdäpfel?

Trompeter Isch doch gleich. Aus und vorbei.

Corporal Aber g'höra tät sich's scho.

Trompeter Was?

Corporal Dass du – der Liesel – jetzt no schnell – an Zapfastreich blosa tätsch.

Trompeter An Zapfastreich?

Corporal An schöna Zapfastreich. Als letzter Gruß.

Corporal Jetzt umma dreie am hellichta Nachmittag? – Depp, bleder! Des wenn der Sergeant hört, dann macht er solche Sätz (er zeigt die Sprunghöhe, mit seiner Hand auf und ab federnd) – und i hock drei Tag im Bau.

Corporal Der Spiaß hört's net. Und außerdem: Des muss dir unser Liesale scho wert sei. Oder – hasch Angst?

Trompeter Angst?

Corporal Freile.

Trompeter I, Angst?

Corporal Du Muffe. Aber scho wia.

Trompeter Vor am Spiaß Muffe?

Corporal Aber d'Hos hasch gstricha voll bis in d'Stiefel nei.

(Der Trompeter steht auf, dreht eine halbe Runde hinter der Kanone, so dass er hinter dem Corporal steht. Er klopft ihm mit der Trompete auf die Schulter ...)

Trompeter I blaus mein Zapfastreich für d'Liesel ...
(Der Corporal schaut ihn mit freudigem Erstaunen an) ...

Trompeter ... wenn du ihr an Salut schiascht.

Corporal An Salut schiaßa? Jetzt dahanna?

Trompeter Gell, jetzt gat dir's Zäpfle na? – Das muss dir die Liesel doch wert sein, oder? – Du Spruchbeutel, du windiger!

(Er betrachtet das Thema als erledigt, doch kurz entschlossen fängt der Corporal an, wortlos die Kanone zu stopfen und die Lunte anzuzünden.)

Trompeter Ja spennsch jetzt? Willsch jetzt wirklich schiaßa, du Knalldepp?

Corporal Und du blos'sch da Zapfastreich. Für's Liesale!

Trompeter I scho. Des isch Ehrasach. Für's Liesale!

Corporal Aaachtung!

(Der Trompeter steht stramm, der Corporal bringt die Lunte ans Pulver. Nach dem Schuss stehen beide stramm, der Trompeter spielt den Zapfenstreich, beide verduften mit Kanone und dem Schild „5.Regiment". Smeralda kommt, mit Waagbalken und -schalen in der Hand.)

Smeralda Hochverehrtes Publikum!
Unser Spiel ist noch nicht rum.
Denn mit dem Sterben endet's nicht.
Nein, jetzt kommt erst das letzte G'richt.
Keiner meine doch, er käme
Darum herum. Denn je nachdem,
ob er schlimm war oder brav,
kriegt er Himmel – oder Straf!

Sie steckt den Waagbalken auf den Stift des Pfostens.
Dann wird die Szenerie für den letzten Akt aufgebaut: Links Höllentür, rechts Himmelstür, davor drei Tischchen mit je einem Stuhl.
Wenn alles fertig ist, spielt der Trompeter „Üb immer Treu ..." mit Anklang an die Marseillaise – oberster Ton um eine Terz höher ...

6. Himmelstor, 16.Juli 1788: Jüngstes Gericht

Lis und Marian treten durch den Zuschauereingang in den Publikumsraum. Marian ist als anderweltig erkennbar, Lis trägt dasselbe schwarze Kleid wie auf dem Schafott und fasst sich dauernd irritiert an den Hals.

Lis   Wirklich?

Marian   Jetzt glaub mir's doch: Dein Kopf ist wirklich wieder fest drauf und fällt au net runter.

Lis   Bisch du dau sicher?

Marian   I weiß doch wie des isch, wenn ma so – zack – dran glauba muss. Des dauert a Zeit, des komisch' G'fühl im G'nack und Hals.

Lis   Na glaub i halt des au no.

Marian   Und keine Angst vor'm Jüngsten Gericht, gell? Die Herren Richter machen manchmal viel Schikane, aber i mach dir a gute Anwältin!

Lis   Na dank i dir recht schön, mei liebe Marian. Es isch ja keine Selbstverständlichkeit, nach allem was i im Verhör damals über dich g'sagt hab.

Marian   Und i über di! Vergiss es, Liesel, hier herrscht Wahrheit.

(Inzwischen sind die beiden durch den Zuschauerraum auf die Bühne gekommen. Diese wird dominiert durch die Himmelspforte – das Tor zum Garten Eden mit seinen barocken Seitenteilen; vor diesem Tor befinden sich eine Waage mit zwei großen Schalen sowie drei Stehpulte. Liesel tippt neugierig an eine der Schalen.)

Lis   Isch dia Schal – für meine Sünda? Bissle kloi, oder?

Marian   Keine Sorge, Lis. Im schlimmsten Fall ...

Lis   Verdammt in alle Ewigkeit?

Marian   Und so an Schmarra glaubat d'Leut! Wenn's ganz dick kommt, gibt's vielleicht a paar Monat Fegefeuer, wenn die Herren Richter ganz schlecht gelaunt sind. Aber heut sind se bestimmt alle prima aufg'legt. Des sieht man nämlich immer auf den ersten Blick.

Lis   An was?

Marian   Der Ankläger zum Beispiel, der sogenannte Satanwalt, wenn der schlecht aufg'legt isch, dann bohrt er sich im Ohr.

(Der Ankläger kommt in schwarzer Robe, sich im Ohr bohrend, und legt seine Akten auf sein Pult).

Marian   Aber der Beisitzer isch recht nett, und ganz, ganz selten amol schlecht aufg'legt, und bloß wenn er an Schnupfa hat.

(Der Beisitzer kommt, laut niesend und sich heftig schneuzend).

Marian   Und der vorsitzende Richter: ein ganz honetter Herr. Nur wenn er reinkommt und seine Akten auf sein Pult knallt, dann heißt's aufpassen.

Richter   (seine Akten aufs Pult knallend) Die Verhandlung ist eröffnet. (Mit gestrecktem Finger, barsch) Ist Sie die Elisabetha Gassnerin, geborene Ebnerin, zweimal getauft am 26.Dezember 1745 sowie am 9.April 1747 im großzügigen Kloster Wiblingen und leider nur einmal geköpft heute nachmittag, den 16.Juli 1788, in Oberdischingen?

Lis   Die bin i. Des zweimal Taufa für zwoi Kloster-Sonntag-Mittags-Essa, hat mei Mutter g'sagt, des war bloß ...

Richter   Harmlos im Vergleich, ganz harmlos. Dann wollen wir doch gleich in medias res, damit wir schnell durch sind. Herr Kollega, bitte tragen Sie die Anklagepunkte zügig und bündig vor.

Ankläger   Zügig und bündig, jawohl. Als Vertreter der Anklage gehe ich mit dem Vorsitzenden völlig konform in der Absicht, diese Verhandlung raschestmöglich durchzuziehen. Denn in meiner gesamten Laufbahn ist mir noch kein Fall eines derart unverschämten Frauenzimmers in die Finger gekommen. Solch ein Lebenslauf ohne Moral verlangt ein Urteil ohne jede Nachsicht, und anderes kommt nicht in Frage. Ich stelle deshalb Antrag auf ein Schnellverfahren.

Richter   Der Antrag kommt zur Abstimmung. Wer ist für ein Schnellverfahren? – Gegenstimmen?

(Marians Hand geht hoch, die drei Männer reagieren mit heftigem, auch hörbar höhnischem Widerwillen).

Beisitzer   Natürlich!

Ankläger   Das war mir klar!

Marian   Der Fall ist bei weitem nicht klar genug, um ein Schnellverfahren zu rechtfertigen.

Richter   Antrag auf Schnellverfahren mit drei zu einer Stimme angenommen. Herr Kollega, bitte tragen Sie vor.

Marian   Einspruch! (Ein Blatt reichend) Bitte, Herr Präsident.

Richter   Aha ... Die Verteidigung stellt im Namen ihrer Mandantin den Antrag auf Genehmigung zum sofortigen Eintritt in die ewige Glückseligkeit. Gnadenhalber.

Ankläger   Ja wie? Ja was? – Haben wir richtig gehört? Eintritt in die ewige Glückseligkeit? Für dieses Weibsstück? Und gnadenhalber? Das schlägt dem Bock die Hoden aus. Wenn die da reinspazieren darf, dann kann ja jeder kommen. Dann lasst doch all rein! Dann hängt doch gleich die beiden Türflügel aus, damit es kein Gedränge gibt, nicht wahr?
Herr Vorsitzender, ich habe hier erdrückende Beweise für die sofortige Einweisung der Angeklagten in die Verdammnis, und zwar die ganze Ewigkeit, ohne Wenn und Gnadenhalber, und was andres gibt es in diesem Falle nullo modo.

Marian   Es gibt immer abzuwägen. Auf hoher See und bei Gericht liegt alles in Gottes Hand. Nicht wahr?

Ankläger   Schlecht wird es uns allen werden wie bei stürmisch hohem Seegang, sobald ich nur beginne mit der Sündenliste.

Marian   Setzen Sie Segel, Herr Kollegel.

Ankläger   Also: Anno 81 auf dem Mariä-Geburts-Markt zu Konstanz einem Italiener 30 Gulden aus dem Krätten gestohlen; im Jahr 77 bei Pfeffersbad einem Weib zwei blau gestrichelte Schnupftücher; item bei Sankt Gallen einem Appenzeller 7 Gulden; item unweit Rapperswil 3 Gulden einem Weib; item auf der Mess zu Bozen eine halbe Tafel Seife; allbereits im Jahre 1760 in Ulm in einem Laden vier Güss Schmalz; item auf dem Martinimarkt in Illertissen eine grüne Samtkappe und zwei Paar wollene Winterstrümpfe ...

Richter   Wollene Winterstrümpfe, jawohl. Werden uns die Füße nicht zu kalt, wenn wir so lange hier draußen stehen? Anders gefragt, Herr Kollega: Könnten Sie die Aufzählung der Delikte etwas kürzer fassen?

Ankläger   Sehr gerne. Ich komme also zu den höchst gravierenden Delikten, nämlich zu den geistlichen Diebstählen.
Schon am 25.Juli 1767 begann die Delinquentin ihre Diebeslaufbahn, indem sie in der Kirche zu Wörleschwang mit einem Fischbein 6 Gulden aus dem Opferstock gezogen; Item anno 79 beim Gallenmarkt in Weißenhorn einem geistlichen Herrn die Uhr aus der Tasche gelangt. Item anno 80 zu Ravensburg aus der Pfarrkirche die Flügel vom rotseidenen Baldachin und vier Sanktusklöppel entwendet und den Stoff des Baldachins aus der Kirche umarbeiten lassen zu einem Mieder, jawohl, einem roten Mieder für ihren sündigen Körper! Item anno 1781 mit einem gewissen Franz und einem Gauner Hansjörg dem Schulmeister von Limbach drei Violinen, eine Tabaksdose und den Kirchenschlüssel gestohlen, mit selbigem Schlüssel in die Kirche eingedrungen und dort so lange auf den Violinen gespielt, bis der Kaplan gekommen, in der Meinung, der Schulmeister übe für die Sonntagsmesse.

Marian   Musizieren in der Kirche – was ist denn Schlimmes dran, zum Lob des Herrn?

Ankläger   Zum Lob des Herrn? So muss man es herumdrehen, dann wird noch eine Andacht draus! Doch sei es drum, ich fahre fort mit einer nächsten andächtigen Untat: Anno 1781 ist die Angeklagte mit drei Kumpanen beim hochwürdigen Herrn Benefiziat in Billenhausen eingebrochen, die Pfarrhaushälterin wurde an den Kopf geschlagen ...

Richter   Geschlagen? (Er wirft ein kleines Gewicht in die Schale)

Marian   Nicht von meiner Mandantin!

Ankläger   So an den Kopf geschlagen, dass ihr gleich übel geworden, während die Diebesbande aus dem Pulte des geistlichen Herrn 300 Gulden, ein Dutzend Schnupftücher, eine Tabaksdose von Schildkrott entwendet und – jetzt kommt es ...

Marian   Was?

Ankläger   Und einen vergoldeten – heiligen – Kreuzpartikel, einen echten Kreuzpartikel aus Jerusalem!

Richter   Aus Jerusalem? Unglaublich! (Er wirft ein Gewicht ein)

Ankläger   Es kommt noch viel unglaublicher: Beim Blutritt in Weingarten hat sie just in dem Moment, als alle Augen auf die heilige Monstranz mit dem heiligsten Blute unseres Herrn gerichtet waren, einem Herrn die Uhr aus dem Cachet gezogen.

Richter   Ohne Scham und ohne Andacht! (Er wirft das nächste Gewicht ein). Fahr er fort, damit wir fertig werden.

Ankläger   Im Schweizerischen Einsiedeln, in der dortigen Gnadenkapelle zur Schwarzen Madonna, hat die Delinquentin, nach Aussage ihrer Kumpanin namens Marian, durch Beutelschneiderei und Sackgreifen in drei Tagen mehr als 500 Gulden hinweg getragen.

Marian   Einspruch. Diese Anschuldigung war erlogen.

Ankläger   Woher will die Verteidigung das wissen?

Marian   Weil die Verteidigung besagte Marian nicht nur persönlich kennt, sondern im irdischen Leben in ihrer Haut gesteckt hat und diese Falschaussage heute von Herzen und heftig bereut.

Ankläger   Hier steht die Aussage schwarz auf weiß!

Marian   Schwarz auf weiß? Dann beantrage ich ad hoc die Vorladung einer höchst vertrauenswürdigen Schwarzen, die es besser weiß.

Ankläger   Und das wäre?

Marian   Die schwarze Madonna von Einsiedeln.

Richter   Ist die Verteidigung zu Scherzen aufgelegt?

Beisitzer   Als Zeugen kommen nur Personen in Betracht, welche realiter am Tatort waren.

Richter   Antrag abgelehnt. Herr Ankläger, bitte fahren Sie fort.

Ankläger   Um die Liste der geistlichen Diebstähle mit einem besonders dicken Brocken abzuschließen: Anno 1782, beim Empfang des russischen Thronfolgers in Ludwigsburg, hat die Gassnerin sich mit abgrundtiefer Heuchelei in dortige Kapelle eingeschlichen, als ob sie dort fromm beten wolle, und hatte doch nur vor – zu stehlen! Mit ihren Habichtsaugen konnte sie während des Gottesdienstes wahrnehmen, wie ein feiner Herr aus seinem grünseiden gestrickten Geldbeutel einen Taler in den Klingelbeutel warf, und als besagter Herr am Schluss des Gottesdienstes aus der Kirche ging, hat sie mit spitzen Fingern ihm den Geldbeutel aus der Tasch gelangt. Es enthielt aber dieses Portemonnaie nicht weniger als 1700 Gulden, eine Summe, mit der man mehr als fünfzig gute Pferde kaufen könnte oder siebzig Kühe, oder aber drei komplette kleine Bauernhöfe.

Marian   Und diese ungeheure Summe hatte der Graf Schenk, denn just um diesen geht es, sich vor der Messe eingesteckt, um sie nach dem Mittagstisch mit seinen feinen Freunden beim Kartenspiele zu verprassen!

Ankläger   Darauf kommt's nicht an. Es mag mit seinem Geld doch jeder tun, was ihm beliebt.

Marian   Sollte es dem Christenmenschen nicht belieben, mit seinem Geld die Hungernden zu speisen, etwa die hungernden Kinder seiner Nächsten, die Kinder seiner Untertanen ?

Ankläger   Kinder, jawohl, das ist das nächste Stichwort, und es sticht in unser aller Herz: Als Mutter von vier Kindern hat die Angeklagte anno 81 diese herzlos verlassen, um mit ihrem Beihalter, dem Rieser Matheis, von Mann und Haus und Kindern wegzulaufen!

Marian Ihr Ehemann hat sie fast täglich geschlagen und ihr unter anderem gedroht, sie in die Donau zu werfen.

Ankläger Er wird seine Gründe gehabt haben, nicht wahr? Darf ich diesbezüglich nochmals aus dem Verhör ihrer Kumpanin, der Näslenden Marian zitieren? Diese sagte am 5.11., die Lis sei in Missachtung ehelicher Treue auch 14 Wochen lang mit zweyen Juden, id est mit Dieben ihrergleichen übers Land geloffen, und habe ihnen beygehalten, wessentwegen sie genannt werde, man höre: die Juden Hur!

Marian War nicht unser Herr Jesus selbst ein Jude, und war er nicht ein Freund der Sünderinnen?

Ankläger Hat die Mutter unseres Herrn Jesus ihn denn je im Stich gelassen? Läuft eine Mutter ihren Kindern weg? Niemals! Und dann auch noch als eine Jesu ..., ähm, als eine Judenhur herumzuziehen! Zudem hat sie das Beutegeld auch nicht allein für ihre Kinder ausgegeben, sondern für ihren ausschweifend frivolen Lebenswandel, mit Pommes frites und Champagner. Champagner!

Marian Es hat geklopft!

Ankläger Gelebt hat sie wie die Fürsten!

Marian Es hat geklo-optt!

Richter Wo soll es denn hier klopfen?

Ankläger Vielleicht in ihrem Ko-opf, nicht wahr?

(Die Herren schmunzeln über den tollen Witz, aber es klopft nun heftiger und nicht zu überhören. Der Richter nimmt seinen Schlüssel vom Gürtel und öffnet die Himmelstür. Geblendet vom austretenden Lichtglanz, verneigt er sich tief vor einer unter ihrem blau-weißen Kopftuch sehr dunkel geschminkten Frau ...)

Richter Die Mutter unseres Herrn persönlich! Was verschafft uns diese Ehre?

Madonna Die Wahrheit verschafft euch diese Ehre, und wird euch hoffentlich daran hindern, hier ein Fehlurteil zu sprechen.

Ankläger Wie könnten wir denn, wenn womöglich die Mutter unseres Herrn höchstselbst ein Wort einlegt?

Madonna Nur ein Wort? Fangen wir doch an bei diesen angeblichen Diebstählen in meiner Gnadenkapelle. Das hätte ich doch sehen müssen, oder?

Richter Ganz zweifellos.

Madonna Und zweitens: Champagner hat sie getrunken, wie die Fürsten habe sie gelebt? Ist es denn ein Verbrechen, zu leben wie die Fürsten? Dann sperrt die Fürsten ein! Ab in die Zellen! Und ist es eine Sünde, Wein zu trinken? Dann sperrt nur meinen Sohn ein! Hat er nicht Wasser gar in Wein verwandelt für eine schöne Hochzeitsfeier? Und drittens: der Diebstahl beim Blutritt von Weingarten. Da reitet man das angebliche Blut von meinem Sohn um die ganze Stadt herum, anstatt dass man meinen Sohn mit jenen guten Werken ehrt, die er gefordert hat: die Nackten kleiden, die Hungrigen speisen, den Müttern und den Kindern helfen. Blutritt und Monstranz: Ja geht's euch schon noch ganz? Ja, wenn die Elisabeth hier etwas gestohlen hätt', hätt' mich das gefreut, denn es wär gescheit. Lest doch in euren Akten nach, was sie alles ihren Kindern gekauft hat: Spielzeug und Birnen, Strümpfe und Kappen, und zwei rot eingebundene Gebetbücher, obwohl sie selber gar nicht lesen kann. Ich habe selber sieben Kinder großgezogen und weiß, was Kinder brauchen.

Richter Wir werden dies alles selbstverständlich bei der Urteilsfindung vollwirksam berücksichtigen.

Madonna Und noch etwas, zur Judenhur. Von Pharisäern musste sich mein Sohn eines Tages folgendes anhören: *Unser* Vater ist Abraham, und *wir* sind nicht aus Hurerei geboren! [Joh 8:41] Wenn also mein Sohn als Hurensohn verleumdet wurde, dann ist es doch beinah ein Lob, wenn die Elisabeth als Judenhur beschimpft wird, oder? Hab ich recht?

Richter Vollkommen. Und auch dieses Faktum wird in unser Urteil vollen Eintrag finden.

Madonna Die Urteilsfindung ist ja sehr einfach.

Richter   Wie dies?

Madonna   Aufgrund des Paragraphen 31 b.
Herr Beisitzer, haben sie das Gesetzbuch zur Hand?

Ankläger   31 b? Was soll denn das sein?

Madonna   Das weiß der Satanwalt nicht? Höchst erstaunlich!

Beisitzer   (liest vor) Paragraph 31, Absatz b: Der respektive die Angeklagte ist zu begnadigen, falls sich ein Zeitgenosse respektive eine Zeitgenossin nach dem Ableben des respektive der Angeklagten lobend über diesen respektive diese geäußert hat.

Ankläger   Was denn, wie denn? – Wenn ein einziger Mensch sie irgendwie gelobt hätt' nach der Hinrichtung, dann wäre sie begnadigt?

Richter   Nun ja, so steht's da drin, nicht wahr?
Je nun, ich frage also die Verteidigung: Hat irgendeiner ihrer Zeitgenossen respektive Zeitgenossinnen nach dem Ableben der Gassnerin etwas Signifikantes über sie geäußert?

Marian   Ihre Kinder haben erheblich geweint. Besonders die zwei Jüngsten.

Richter   Geweint, nun ja. Aber gesagt hat keines was Verwertbares? Und der Ehemann? Hat der was gesagt?

Ankläger   Ha! Den hat man doch im Januar geköpft.

Richter   Ach so, ja freilich. Das war der mit Paragraph 55 a ...
(Er deutet, mit dem Daumen rückwärts über die Schulter, auf die Himmelstür)

Lis   Mein Hannes. Isch der da drinna? Ja, zu dem möcht i.

Ankläger   Ach ja, nun plötzlich wieder? Alte Liebe rostet nicht? Und der Ruttmann Matheis, der weint sich seine Augen aus nach ihr?

Marian   Aber hier ist aktenkundig vermerkt: Der Soldat Dieterle, Trompeter bei den Kanonieren in Ludwigsburg, hat nach erfolgter

Hinrichtung einem Kameraden gegenüber wörtlich geäußert, ich zitiere: Armes Liesale, du warst wohl eine *Saulo-as*, aber ein gutes Mensch.

Madonna   (strahlend) ... Aber a guats Mensch.

Marian   Der Begriff Sau-lo-as stammt aus der schwäbischen Vulgärsprache und bedeutet soviel wie ...

Richter   Darauf kommt's nicht an.
(Er nimmt ein Gewicht, aber die Madonna gibt ihm ein größeres, und er wirft es in die „gute" Waagschale, die schwer nach unten geht)

Madonna   Dann kann ich mich wieder zurückziehen?

Richter   (Missmutig) Wir bitten darum ... (Wieder durchtrieben untertänig) Ähm, ich meine, wir bitten Sie, Ihnen danken zu dürfen für Ihre großartige Hilfe bei der Findung des gerechten Urteils.

Madonna   Elisabeth, wir sehen uns da drinnen ...

(Madonna geht durch die Himmelstür hinein und der Richter hat es sichtlich eilig, hinter ihr die Türe wieder zu verschließen)

Lis   (zu Marian) Hoi! Warum lasst er mi net nei?

Marian   (beiseite zu Lis) Lisel, jetzt heißt's aufpassen. I glaub, die Herren haben etwas vor. Wenn ich dir zuzwinker' und ein Wort zweimal sag, dann weißt du, was du tun musst, gell?

Richter   Meine Herren! Trotz der großartigen Mithilfe der Mutter unseres Herrn stellt das zu fällende Urteil uns noch vor gewisse Probleme.

Ankläger   Sie sagen es.

Richter   Da wäre zunächst das Prinzip der adäquaten Gewichtung: Kann eine positive Aussage nach § 31 b die negativen Gewichte all der Übeltaten ausgleichen, welche die Angeklagte gestanden hat?

Beisitzer   Wohl eher nicht.

(Der Richter nimmt ein Gewicht aus der Schale)

Richter   Da wäre zweitens das Kollegialgerichtsprinzip. Kann das Urteil dreier kompetenter Richter durch die Intervention einer gleichwohl hochgestellten Frau, doch ohne Jurastudium, verändert werden?

Ankläger   Wo kämen wir da hin?

(Der Ankläger nimmt das nächste Gewicht von der Schale)

Richter   Würden wir unsere Aufgabe da nicht allzu leicht nehmen und alter Väter guter Sitte einen Bärendienst erweisen? Können wir denn die Schwere der Gewichte in diesen Waagschalen missachten?

Beisitzer   Wo – kämen wir da hin? (Er nimmt ein drittes Gewicht heraus)

Marian   Wo wir da hinkämen, wenn wir das Recht (sie nimmt den Waagbalken von seiner Achse) ... in die eigenen Hände nähmen? Würden wir dadurch nicht den Schlüssel (sie zwinkert zu Lis) – den Schlüssel zur Gerechtigkeit veruntreuen?

(Sie geht mit dem Waagbalken nach rechts, so dass die Blicke der Herren vom Himmelstor abgelenkt werden)

Marian   Und Gott sprach: Von allen Waagen im Garten dürft ihr Gewichte nehmen, nur von der einen Waage in der Mitte nicht. Aber die Schlange war klüger als alle Tiere und sprach zu Eva: Nimm doch einen von deinen Äpfeln und leg ihn auf die Waagschale ...

(Sie knöpft ihr Mieder auf, nimmt dezent lasziv einen Apfel heraus und legt ihn auf die leichtere Schale)

Marian   Und der Apfel war schön anzuschauen und er weckte ihr Verlangen. So nahm sie einen zweiten Apfel und legte ihn dazu ...

(Sie nimmt einen zweiten Apfel aus ihrem Mieder, während die Liesel dem auf die Äpfel fixierten Richter den Himmelsschlüssel stiehlt, den er links an seinem Gürtel hängen hat)

Marian   Sind aller guten Dinge nicht drei?

(Die drei Robenträger nicken interessiert ...)

Marian   So dachte Eva. Und sie nahm den dritten Apfel und nun bekam sie Einsicht, jawohl, klare Einsicht in die Welt des Lichtes, wo die Wärme des weiblichen Herzens kalte männliche Schwärze besiegt– und sie erkannte, wie hummeldumm und krötenblöd die Söhne Adams sind, vor allem ein gewisser Beisitzer, ein Richter und ein Ankläger ... Bis nachher, Liesel!

(Sie winkt ihr zu, die Männer drehen sich herum und merken, dass die Liesel in den Himmel geht. Mit „Halt, Stopp, Stehenbleiben" und großen Greifbewegungen versuchen sie, die Liesel noch zu fassen, aber die ist schon drin und dreht von drinnen das leichtgebaute Himmelstor so, dass das Innere des Himmels sichtbar und die drei schwarzen Männer weggefegt werden. Zu Händels Halleluja treten die drei Spielerinnen im Himmel noch einmal zusammen, bis die Musikanten und der Maler zur Begleitung der Madonna nochmals die Melodie von Fuli Tschai intonieren).

Madonna   Jetzt ist sie im Himmel drin.
Diese große Sünderin
hat man reinlassen ins Paradies!
So a Weib macht hier mehr Freud
als neunundneunzig rechte Leit –
Halleluja der Schwarzen Lis!

Unser Stück ist jetzt herum,
Danke liebes Publikum.
Bittschön beherzigt in Zukunft dies:
Jede lebe keusch und fromm
dass sie in den Himmel komm,
so wie gesehen die Schwarze Lies!

Und wir sag'n euch noch etwas,
für uns war's ein großer Spaß.
Jetzt aber müsst ihr nach Hause gehn.
Macht dabei kein groß Geschrei,
sonst kommt noch die Polizei –
Arrividerci, auf Wiedersehn!

ME HUM MATTO – ICH BIN BETRUNKEN
Traditionelles Lied der Sinti und Roma

Was das Le-ben dir wird ge-ben, steht das in der
Geht's nach o-ben, wird man'dich lo-ben, ja das weiß der

Hand? Ob du hast viel Zo-res o-der gehst kap-po-res,
Wind! Geht dir die-ses Le-ben ganz und gar da-ne-ben,

en-dest in der Schand? Ob du wirst sein a
stirbst du wie a Hind? Geht's gut und wirst du

glück-li-che Mut-ter mit a fleis-si-ge Mann,
im An-sehen ste-hen wie Com-tesse Pom-pa-dour,

o-der bloß a bet-tel-arms Lu-der, steht das wirk-lich in
oder wird man dich schlagen und pla-gen und bleibst'am End nur a

dei-ner Hand? Eb-ners Li-sel, Schwarze Lis, sei klug und
ar-me Hur? Eb-ners Li-sel, Schwarze Lis,'s liegt alls in

hab Ver - stand!
dei - ner Hand!

154

ЧТО МНЕ ГОРЕ – Shto mnje gore – WAS IST MEIN KUMMER?

Nicht schlecht zur Lis passend erklärt die israelische Sängerin Aviva Semadar den Inhalt dieses russischen Volkslieds so: „Enttäuscht von den Männern und der Liebe versuchte sie sich mit einem Glas Weißwein zu trösten. Sie hob das Glas hoch und sagte: ‚Vishe Vishe‘ (выше выше) – ‚Kopf hoch!'"

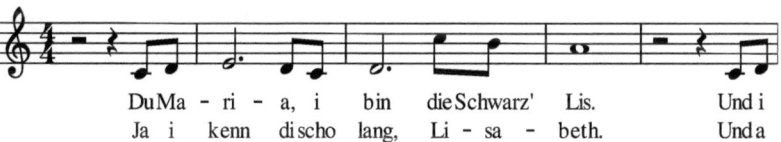

Du Ma - ri - a, i bin die Schwarz' Lis. Und i
Ja i kenn di scho lang, Li - sa - beth. Und a

bin scho a lid - rigs Weib, 's isch wahr i bi - i -
Hei - li - ge, des bisch du ganz si-cher ne - e - e -

i's! I hau klaut scho als Mädle und i nemm was i
et! Dia fünf Kerz - la, dia send halt oi Kerz für jed's

fend, und des lauft wie a Räd - le und wie soll's
Kend, und's ver - schwin - det ganz schnell dann all dei - ne

en - da? Gol-de - ne Sack - uh-ra und a bissle hu-ra,
Sünd - da! Und dia Sack - uh-ra und des bissle hu-ra,

wa - rum bin i so auf's Geld, ha?   Im - mer Sack - lan - ga
und dia gan - ze Gau - ne - rei, ja,   und des Sack - lan - ga

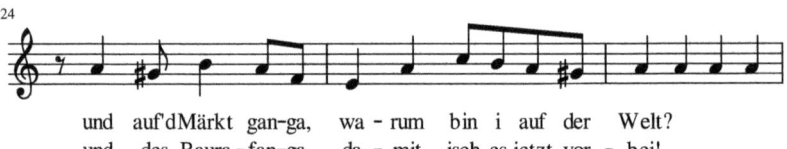

und auf'd Märkt gan - ga, wa - rum bin i auf der Welt?
und des Baura - fan - ga, da - mit isch es jetzt vor - bei!

Dau   a Port - 'mon - naie,   det   a Bal - da - chee
Und   a Port' - mon - naie,   ro - ter Bal - da - chee

und a Beu - te - le voll Geld, ja!   Im - mer Sack - lan ga,
und a Deu - tel g'stohlens Geld, ja!   Du muasch au le - ba,

z'letzt in d'Höll gan - ga, wa - rum bin i auf der Welt?
au dei Roll ge - ba, guat spielsch du di auf der Welt!

AVREML DER MARVIKHER – AVREML DER TASCHENDIEB

Text und Melodie: Mordechai Gebirtig (1877-1942)

Eigentlich vermag nur der wahrhaft ethische Mensch mit Bewußtsein zu sterben.

Ferdinand Ebner in „Ethik und Leben", 1931.

I bin die Lie - sel, die Bes - te im Sack - lan-gen, viel tau-send
Mei - len im Le - ben ge - gan-gen, und alt ge - wor - den fast
sechs-und-vier-zig Jahr als das ver - ruch-tes-te Lu-der, das ist
wahr, ai - ai. Es sieht so aus, als wär mir nicht viel Se-gen
von An-fang an in der Wie-ge ge-le - gen, jetzt liegt mein
Le - ben ganz klar vor mei-nem Blick: Ge-wor-den bin ich
ganz a sau-berns Stück.

FULI TSCHAI – SCHLECHTES MÄDCHEN
Traditionelles Lied der Sinti und Roma

Heit hat sie an Hau - fen Geld,
Und dem lie - ben Gra - fen Schenk
Alt wer'n soll se hun - dert Jahr,

freit sie's Sau fen auf der Welt,
sind wir al - le ein - ge - denk,
und dann nach - her noch a paar,

hoch le - be un - se - re Schwar - ze Lis.
hoch le - be un - se - re Schwar - ze Lis,
hoch le - be un - se - re Schwar - ze - Lis.

Noch a Flasch Cham - pag - ner her,
Lacht der Her - zog und der Zar,
Und wenn sie beim Jüng - sten G'richt

sonst wird uns der Ma - gen schwer,
die - ser Trick war wund - der - bar,
tritt vor Got - tes An - ge - sicht,

hoch le - be un - se - re Schwar - ze Lis!
hoch le - be un - se - re Schwar - ze Lis!
hoch le - be un - se - re Schwar - ze Lis!

Zu Dank verpflichtet

... bin ich zunächst einmal Mordechai Gebirtig und drei ähnlich genialen aber namentlich vergessenen Komponisten, für ihre kongeniale Begleitmusik zum Lebenslauf einer genialen Saccutangistin (mein geniales Kulturwort für „Sacklangerin"), hinter deren dunkelschwarzem Beinamen sich ein bewegter und farbiger, sehr menschlicher Lebenslauf verbarg.

Dankbar bin ich allen, die mir das Bild der Lis, ihrer Zeitgenossen und Zeitumstände zu klären halfen – besonders Frau Foshag – und deren unverzichtbarer Beitrag sich in der Zahl ihrer Zitierungen annähernd spiegelt.

Mein Lehrerkollege Eduard Ohm gab mir mit seinem historischen Porträt der Schwarzen Lis das Thema, meine Brüder Hans und Norbert lieferten mit ihren Fastnachtskulissen von Höllen- und Himmelstür die Idee zum Schlussakkord meines Schultheaterstücks.

„Die Schwarze Liesel" wäre ein Schultheater geblieben, wenn mein Freund Klaus Maucher, damals u.a. auch Laienspielberater des Bezirks Schwaben, es nicht gesehen und mit dem Spielkreis Pfaffenhofen bei den Schwäbischen Theatertagen 1988 neu gefasst auf die Bühne des Historischen Stadttheaters Weißenhorn gebracht hätte. Ihm und allen Beteiligten dieser Aufführungen, wie auch vorher meiner Schultheatergruppe und nachher den Theatergruppen Chavverusch und Unter der Dauseck verdankt die Liesel nach dem Tod auf dem Schafott ihre quasi Auferstehung auf der Bühne.

Und gleich im Voraus ein großes Dankeschön an alle, die es hoffentlich wagen, diese dritte und (meine) letzte Version der Schwarzen Lis zu inszenieren. Damit wenigstens hier die großen Herrn am End' den Kürzeren ziehen, die kleinen Schwarzen den Himmel aufsperren und wenn der Vorhang fällt, noch wie die sterbende Rahel Levin staunen: „Welch eine Geschichte! Eine aus Ägypten und Palästina Geflüchtete bin ich hier und finde Hilfe, Liebe und Pflege von euch! ... Mit erhabenem Entzücken denk' ich an diesen meinen Ursprung und diesen ganzen Zusammenhang des Geschickes, durch welches die ältesten Erinnerungen des Menschengeschlechts mit der neuesten Lage der Dinge ... verbunden sind."[184]

Curitiba, 30. November 2018   Konrad Yona Riggenmann

---

[184] Hertz, p.282.